금수 회의록 · 추월색

안국선 / 최찬식

공진회

SR&B(새로본닷컴)

공민왕의 〈천산대렵도〉

〈베스트 논술 한국대표문학(전60권)〉을 펴내며

어린 시절의 독서는 평생의 이성과 열정을 보장해 줄 에너지의 탱크를 채우는 일입니다. 인생의 지표를 세울 수 있는 가장 믿을 만한 방법이기도 합니다.

새로 접하는 사물의 이치를 터득하려면 그 정보를 대뇌 속에 담는 프로그램이 마련되어 있어야 합니다. 그 프로그램을 구축하는 가장 효과적인 방법이 지속적인 독서입니다. 독서는 책과 나의 쌍방향적인 대화이며 만남이며 스킨십입니다.

그러나 단순한 독서만으로는 생각하는 힘과 정확히 표현하는 힘을 키울 수 없습니다. 〈베스트 논술 한국대표문학〉은 이에 유의하여 다음과 같이 편찬하였습니다.

① 초·중·고 교과서에 실린 고전 및 현대 문학 작품부터 〈삼국유사〉, 〈난중일기〉, 〈목민심서〉 등 우리의 정신을 일깨워 주고 우리에게 지혜와 용기를 준 '위대한 한국 고전'에 이르기까지 한 권 한 권을 가려 뽑았습니다.
② 각 권의 내용과 특성을 분석하여, '작가와 작품 스터디', '논술 가이드' 등을 덧붙여 생각하는 힘, 표현하는 힘을 키울 수 있도록 각 분야의 권위 학자, 논술 전문가들이 심혈을 기울였습니다.
③ 특히 현대 문학 부문은 최근 학계에서, 이 때까지의 오류를 바로잡아 정확한 텍스트를 확정한 것을 반영하였고, 고전 부문은 쉽고 아름다운 현대 국어로 재현하였습니다.
④ 각 작품에 관련된 작가의 고향을 비롯한 작품의 배경, 작품의 참고 자료 등을 일일이 답사 촬영하거나 수집·정리하여 화보로 꾸몄고, 각 작품의 갈피 갈피마다 아름다운 그림을 넣어, 작품에 좀더 친근감 있게 접근할 수 있도록 하였습니다.

이 〈베스트 논술 한국대표문학〉이 여러분이 '큰 사람', '슬기로운 사람'이 되는 데 충실한 밑거름이 되기를 바랍니다.

〈베스트 논술 한국대표문학〉 편찬위원회

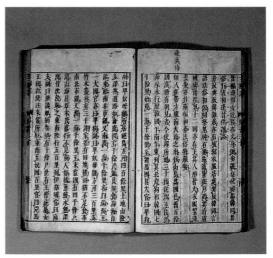

〈금수 회의록〉에 등장하는 까마귀가 이야기하며
예로 든 책인 〈사기〉

동물의 입을 통한 우화
〈금수 회의록〉의 표지

호랑이, 개구리 등이 등장하는 〈금수 회의록〉

〈공진회〉의 표지

최찬식의 〈추월색〉 표지

독립 운동을 하다 감옥에 갇힌 안국선(뒷줄 오른쪽 두 번째). 맨 왼쪽은 이승만이다.

〈공진회〉에 등장하는
제갈량

〈공진회〉'기생'의 배경이 되는 진주에 있는 촉석루

안국선이 한때 유배되기도
하였던 진도

〈추월색〉에
등장하는 도쿄

가을을 배경으로 씌어진 〈추월색〉

차례

안국선

금수 회의록

공진회

금수 회의록

서언

머리를 들어 하늘을 우러러보니 일월과 성신*이 천추*의 빛을 잃지 아니하고, 눈을 떠서 땅을 굽어보니 강해*와 산악이 만고의 형상을 변치 아니하도다. 어느 봄에 꽃이 피지 아니하며, 어느 가을에 잎이 떨어지지 아니하리오.

우주는 의연히 백대에 한결같거늘, 사람의 일은 어찌하여 고금이 다르뇨? 지금 세상 사람을 살펴보니 애달프고, 불쌍하고, 탄식하고, 통곡할 만하도다.

전인의 말씀을 듣든지 역사를 보든지 옛적 사람은 양심이 있어 천리를 순종하여 하느님께 가까웠거늘, 지금 세상은 인문이 결딴나서 도덕

---

* 성신(星辰) 별.
* 천추(千秋) 긴 세월, 또는 먼 미래.
* 강해(江海) 강과 바다.

도 없어지고, 염치도 없어지고, 의리도 없어지고, 절개도 없어져서, 사람마다 더럽고 흐린 풍랑에 빠지고 헤어 나올 줄 몰라서 온 세상이 다 악한 고로, 그름·옳음을 분별치 못하여 악독하기로 유명한 도척*이 같은 도적놈은 청천 백일에 사마*를 달려 왕궁 극도에 횡행하되 사람이 보고 이상히 여기지 아니하고, 안자*같이 착한 사람이 누항*에 있어서 한 도시락 밥을 먹고 한 표주박 물을 마시며 가난을 견디지 못하되 한 사람도 불쌍히 여기지 아니하니, 슬프다! 착한 사람과 악한 사람이 거꾸로 되고 충신과 역신이 바뀌었도다.

이같이 천리가 어기어지고 덕의가 없어서 더럽고, 어둡고, 어리석고, 악독하여 금수만도 못한 이 세상을 장차 어찌하면 좋을고? 나도 또한 인간의 한 사람이라, 우리 인류 사회가 이같이 악하게 됨을 근심하여 매양 성현의 글을 읽어 성현의 마음을 본받으려 하더니, 마침 서창*에 곤히 든 잠이 춘풍에 이익한 바 되매 유흥을 금치 못하여 죽장 망혜*로 녹수를 따르고 청산을 찾아서 한 곳에 다다르니, 사면에 기화 요초는 우거졌고 시냇물 소리는 종종하며, 인적이 고요한데, 흰구름 푸른 수풀 사이에 현판 하나가 달렸거늘, 자세히 보니 다섯 글자를 크게 썼으되 '금수 회의소'라 하고 그 옆에 문제를 걸었는데, '인류를 논박할 일'이라 하였고, 또 광고를 붙였는데 '하늘과 땅 사이에 무슨 물건이든지 의견이 있거든 의견을 말하고 방청을 하려거든 방청하되 각기 자유로 하라' 하였는데, 그 곳에 모인 물건은 길짐승, 날짐승, 버러지, 물고기, 풀, 나무, 돌 등물이 다 모였더라. 혼자 마음으로 가만히 생각하여 보

---

* **도척** 중국 춘추 시대의 큰 도적. 수천 명을 거느리고 천하를 횡행하였다 함.
* **사마**(士馬) 군사와 말.
* **안자**(顔子) 안회의 존칭. 중국 춘추 시대의 유학자.
* **누항**(陋巷) 좁고 지저분하며 더러운 거리.
* **서창**(舒暢) 여유 있게 마음을 가지는 것.
* **죽장 망혜**(竹杖芒鞋) 대지팡이와 짚신. 곧 먼 길 떠날 때의 아주 간편한 차림새를 이르는 말.

니, 대저 사람은 만물지중에 가장 귀하고 제일 신령하여 천지의 화육을 도우며 하느님을 대신하여 세상 만물의 금수, 초목까지라도 다 맡아 다스리는 권능이 있고, 또 사람이 만일 패악한 일이 있으면 천히 여겨 금수 같은 행위라 하며, 사람이 만일 어리석고 하는 일이 없으면 초목같이 아무 생각도 없는 물건이라고 욕하나니, 그러면 금수 · 초목은 천하고 사람은 귀하며 금수 · 초목은 아무것도 모르고 사람은 신령하거늘, 지금 세상은 바뀌어서 금수 · 초목이 도리어 사람의 무도 패덕함을 공격하려 하니, 괴상하고 부끄럽고 절통 분하여 열었던 입을 다물지도 못하고 정신없이 섰더라.

개회 취지

별안간 뒤에서 무엇이 와락 떠다밀며,
"어서 들어갑시다. 시간 되었소."
하고 바삐 들어가는 서슬에 나도 따라 들어가서 방청석에 앉아 보니, 각색 길짐승 · 날짐승 · 모든 버러지 · 물고기 등물이 꾸역꾸역 들어와서 그 안에 빽빽하게 서고 앉았는데 모인 물건은 형형색색이나 좌석은 제제 창창*한데, 장차 개회하려는지 규칙 방망이 소리가 똑똑 나더니, 회장인 듯한 한 물건이 머리에는 금색이 찬란한 큰 관을 쓰고, 몸에는 오색이 영롱한 의복을 입은 이상한 태도로 회장석에 올라서서 한 번 읍하고, 위의*가 엄숙하고 형용이 단정하게 딱 서서 여러 회원을 대하여 하는 말이,
"여러분이여, 내가 지금 여러분을 청하여 만고에 없던 일대 회의를

---

* 제제 창창 몸가짐이 위엄이 있고 질서가 정연함.
* 위의(威儀) 위엄이 있는 태도나 차림새.

열 때에 한 마디 말씀으로 개회 취지를 베풀려 하오니 재미있게 들어주시기를 바라오. 대저 우리들이 거주하여 사는 이 세상은 당초부터 있던 것이 아니라, 지극히 거룩하시고 지극히 전능하신 하느님께서 조화로 만드신 것이라. 세계 만물을 창조하신 조화주를 곧 하느님이라 하나니, 일만 이치의 주인되시는 하느님께서 세계를 만드시고 또 만물을 만들어 각색 물건이 세상에 생기게 하셨으니, 이같이 만드신 목적은 그 영광을 나타내어 모든 생물로 하여금 인자한 은덕을 베풀어 영원한 행복을 받게 하려 함이라. 그런고로 세상에 있는 모든 물건은 사람이든지 짐승이든지 초목이든지 무슨 물건이든지 다 귀하고 천한 분별이 없은즉, 어떤 것은 높고 어떤 것은 낮다 할 이치가 있으리오. 다 각각 천지의 기운을 타고 생겨서 이 세상에 사는 것인즉, 다 각기 천지 본래의 이치만 좇아서 하느님의 영광을 나타낼지니, 그 중에도 사람이라 하는 물건은 당초에 하느님이 만드실 때에 특별히 영혼과 도덕심을 넣어서 다른 물건과 다르게 하셨은즉, 사람들은 더욱 하느님의 뜻을 순종하여 천리 정도*를 지키고 착한 행실과 아름다운 일로 하느님의 영광을 나타내어야 할 터인데 지금 세상 사람의 하는 행위를 보니 그 하는 일이 모두 악하고 부정하여 하느님의 영광을 나타내기는 고사하고 도리어 하느님의 영광을 더럽게 하며 은혜를 배반하여 제반 악증*이 많도다. 외국 사람에게 아첨하여 벼슬만 하려 하고, 제 나라가 다 망하든지 제 동포가 다 죽든지 불고*하는 역적놈도 있으며 인군을 속이고 백성을 해롭게 하여 나랏일을 결단내는 소인놈도 있으며, 부모는 자식을 사랑치 아니하고, 자식은 부모를 효도로 섬기지 아니하며, 형제간에 재물로 인연하여 골육 상잔*하기를

* 천리 정도(天理正道) 하늘의 이치에 해당하는 떳떳한 도리.
* 악증(惡症) 악질. 못된 짓.
* 불고(不顧) 돌보지 않는 것.
* 골육 상잔(骨肉相殘) 부자, 형제, 숙질 등 가까운 친족끼리 서로 해침.

일삼고 부부간에 음란한 생각으로 화목치 아니한 사람이 많으니, 이같은 인류에게 좋은 영혼과 제일 귀하다 하는 특권을 줄 것이 무엇이오. 하느님을 섬기던 천사도 악한 행실을 하다가 떨어져서 마귀가 된 일이 있거늘 하물며 사람이야 더 말할 것 있소. 태고적 맨 처음에 사람을 내실 적에는 영혼과 덕의심을 주셔서 만물 중에 제일 귀하다는 특권을 주셨으되 저희들이 그 권리를 내어 버리고 그 성품을 잃어버리니, 몸은 비록 사람의 형상이 그대로 있을지라도 만물 중에 가장 귀하다 하는 인류의 자격은 있다 할 수가 없소. 여러분은 금수라, 초목이라 하여 사람보다 천하다 하나, 하느님이 정하신 법대로 행하여 기는 자는 기고, 나는 자는 날고, 굴에서 사는 자는 깃들임을 침노치 아니하며, 깃들인 자는 굴을 빼앗지 아니하고, 봄에 생겨서 가을에 죽으며, 여름에 나와서 겨울에 들어가니, 하느님의 법을 지키고 천지 이치대로 행하여 정도에 어김이 없은즉, 지금 여러분 금수 · 초목과 사람을 비교하여 보면 사람이 도리어 낮고 천하며, 여러분이 도리어 귀하고 높은 지위에 있다 할 수 있소. 사람들이 이같이 제 자격을 잃고도 거만한 마음으로 오히려 만물 중에 제가 가장 귀하다, 높다, 신령하다 하여 우리 족속 여러분을 멸시하니 우리가 어찌 그 횡포를 받으리오. 내가 여러분의 마음을 찬성하여 하느님께 아뢰고 본 회의를 소집하였는데, 이 회의에서 결의할 안건은 세 가지 문제가 있소.

제일, 사람된 자의 책임을 의논하여 분명히 할 일.
제이, 사람의 행위를 들어서 옳고 그름을 의논할 일.
제삼, 지금 세상 사람 중에 인류 자격이 있는 자와 없는 자를 조사할 일.

이 세 가지 문제를 토론하여 여러분과 사람의 관계를 분명히 하고,

사람들이 여전히 악한 행위를 하여 회개치 아니하면 그 동물의 사람이라 하는 이름을 빼앗고 이등 마귀라 하는 이름을 주기로 하느님께 상주할 터이니 여러분은 이 뜻을 본받아 이 회의에서 결의한 일을 진행하시기를 바라옵나이다."

회장이 개회 취지를 연설하고 회장석에 앉으니, 한 모퉁이에서 우렁찬 소리로 회장을 부르고 일어서서 연단으로 올라간다.

제일석, 반포지효* ── 까마귀

프록 코트를 입어서 전신이 새까맣고 똥그란 눈이 말똥말똥한데, 물 한 잔 조금 마시고 연설을 시작한다.

"나는 까마귀올시다. 지금 인류에 대하여 소회*를 진술할 터인데 반포의 효라 하는 문제를 가지고 잠깐 말씀하겠소. 사람들은 만물 중에 제일이라 하지마는, 그 행실을 살펴볼 지경이면 다 천리에 어기어져서 하나도 그 취할 것이 없소. 사람들의 옳지 못한 일을 모두 다 들어 말씀하려면 너무 지리하겠기에 다만 사람들의 불효한 것을 가지고 한 말씀할 터인데, 옛날 동양 성인들이 말씀하기를 효도는 덕의 근본이라, 효도는 일백 행실의 근원이라, 효도는 천하를 다스린다 하였고, 예수교 계명에도 부모를 효도로 섬기라 하였으니, 효도라 하는 것은 자식된 자가 고연한* 직분으로 당연히 행할 일이올시다. 우리 까마귀의 족속은 먹을 것을 물고 돌아와서 어버이를 기르며 효성을 극진히 하여 망극한 은혜를 갚아서 하느님이 정하신 본분을 지키어 자자 손손이 천만대를

---

* 반포지효(反哺之孝) 자식이 커서 어버이의 은혜에 보답하는 효성.
* 소회(所懷) 마음에 품고 있는 회포.
* 고연(固然)하다 본디부터 그러하다.

내려가도록 가법을 변치 아니하는 고로 옛적에 백낙천*이라 하는 분이 우리를 가리켜 새 중의 증자라 하였고, 〈본초 강목〉*에는 자조라 일컬었으니, 증자라 하는 양반은 부모에게 효도 잘하기로 유명한 사람이요, 자조라 하는 뜻은 사랑하는 새라 함이니, 부모는 자식을 사랑하고, 자식은 부모에게 효도함이 하느님의 법이라. 우리는 그 법을 지키고 어기지 아니하거늘, 지금 세상 사람들은 말하는 것을 보면 낱낱이 효자 같으되, 실상 하는 행실을 보면 주색잡기에 침혹하여 부모의 뜻을 어기며, 형제간에 재물로 다투어 부모의 마음을 상케 하며, 제 한 몸만 생각하고 부모가 주리되 돌아보지 아니하고 여편네는 학식이라고 조금 있으면 주제넘은 마음이 생겨서 온화·유순한 부덕을 잊어버리고 시집가서는 시부모 보기를 아무것도 모르는 어리석은 물건같이 대접하고, 심하면 원수같이 미워하기도 하니, 인류 사회에 효도 없어짐이 지금 세상보다 더 심함이 없도다. 사람들이 일백 행실의 근본되는 효도를 알지 못하니 다른 것은 더 말할 것 무엇 있소. 우리는 천성이 효도를 주장하는 고로 출천지효성* 있는 사람이면 우리가 감동하여 노래자*를 도와서 종일토록 그 부모를 즐겁게 하여 주며, 증자의 갓 위에 모여서 효자의 아름다운 이름을 천추에 전케 하였고, 또 우리가 효도만 극진할 뿐 아니라 자고 이래로 〈사기〉*에 빛난 일이 한두 가지가 아니오니 대강 말씀하오리다. 우리가 떼를 지어 논밭으로 내려갈 때 곡식을 해하는 버러지를 없애려고 가건마는 사람들

---

* 백낙천(白樂天) 백거이를 자로 일컫는 이름. 중국 당나라의 시인.
* 〈본초 강목(本草綱目)〉 중국 명나라의 이시진이 지은 본초학의 연구서.
* 출천지효성(出天之孝誠) 천성으로 타고난 지극한 효성.
* 노래자(老萊子) 중국 춘추 시대 초나라의 학자, 중국 24효자의 한 사람.
* 〈사기(史記)〉 중국 전한의 역사가 사마천이 지은 책. 상고 시대의 황제로부터 전한의 무제에 이르는 2,000여 년에 걸친 통사이다. 총 130권으로 이루어져 있다.

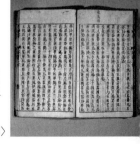

〈사기〉

은 미련한 생각에 그 곡식을 파먹는 줄로 아는도다! 서양 책력 1874년의 미국 조류 학자 삐이루라 하는 사람이 우리 까마귀 족속 이천이백오십팔 마리를 잡아다가 배를 가르고 오장을 꺼내어 해부하여 보고 말하기를, 까마귀는 곡식을 해하지 아니하고 곡식에 해되는 버러지를 잡아먹는다 하였으니, 우리가 곡식밭에 가는 것은 곡식에 이가 되고 해가 되지 아니하는 것은 분명하고, 또 우리가 밤중에 우는 것은 공연히 우는 것이 아니요, 나라에서 법령이 아름답지 못하여 백성이 도탄에 침륜하여 천하에 큰 병화가 일어날 징조가 있으면 우리가 아니 울 때에 울어서 사람들이 깨닫고 허물을 고쳐서 세상이 태평 무사하기를 희망하고 권고함이요, 강소성 한산사에서 달은 넘어가고 서리친 밤에 쇠북을 주둥이로 쪼아 소리를 내서 대망에게 죽을 것을 살려 준 은혜를 갚았고, 한나라 효문제*가 아홉 살 되었을 때에 그 부모는 왕망의 난리에 죽고 효문제 혼자 달아날 새, 날이 저물어 길을 잃었거늘 우리들이 가서 인도하였고, 연 태사 단이 진나라에 볼모 잡혀 있을 때에 우리가 머리를 희게 하여 그 나라로 돌아가게 하였고, 진문공*이 개자추*를 찾으려고 면산에 불을 놓으매 우리가 연기를 에워싸고 타지 못하게 하였더니, 그 후에 진나라 사람이 그 산에 '은연대'라 하는 집을 짓고 우리의 은덕을 기념하였으며, 당나라 이의부는 글을 짓되 상림에 나무를 심어 우리를 준다 하였었고, 또 물병에 돌을 던지니 이솝이 상을 주고 탁자의 포도주를 다 먹어도 프랭클린이 사랑하도다, 우리 까마귀의 사적이 이러하거늘, 사람들은 우리 소리를 듣고 흉한 징조라 길한 징조라 함은 저희들 마음대로 하는

---

* **효문제**(孝文帝) 중국 북위의 제6대 황제.
* **진문공**(晉文公) 진나라의 임금.
* **개자추**(介子推) 중국 춘추 시대의 은자. 진나라 문공이 공자일 때 함께 망명하여 고생을 함께하였으나, 귀국 후 멀리하자 면산에 은둔함. 문공이 잘못을 뉘우치고 자추가 나오도록 산불을 질렀으나 나오지 않고 타 죽었다 함.

말이요, 우리에게는 상관 없는 일이라. 사람의 일이 흉하든지 길하든지 우리가 울 일이 무엇 있소? 그것은 사람들이 무식하고 어리석어서 저희들이 좋지 아니한 때에 흉하게 듣고 하는 말이로다. 사람이 염병이니 괴질이니 앓아서 죽게 된 때에 우리가 어찌하여 그 근처에 가서 울면, 사람들은 못생겨서 저희들이 약도 잘못 쓰고 위생도 잘못하여 죽는 줄은 알지 못하고 우리가 울어서 죽은 줄로만 알고 저희끼리 욕설하려면 염병에 까마귀 소리라 하니 아, 어리석기는 사람같이 어리석은 것은 세상에 또 없도다. 요순 적에도 봉황이 나왔고, 왕망이 때도 봉황이 나오매 요·순적 봉황은 상서라 하고 왕망 때 봉황은 흉조처럼 알았으니, 물론 무슨 소리든지 사람이 근심 있을 때에 들으면 흉조로 듣고 좋은 일 있을 때에 들으면 상서롭게 듣는 것이라. 무엇을 알고 하는 말이 아니요, 길하다 흉하다 하는 것은 듣는 저희에게 있는 것이요, 하는 우리에게 있는 것이 아니어늘, 사람들은 말하기를, 까마귀는 흉한 일이 생길 때에 와서 우는 것이라 하여 듣기 싫어하니, 사람들은 이렇듯 이치를 알지 못하는 어리석은 동물이라, 책망하여 무엇하겠소. 또 우리는 아침에 일찍 해 뜨기 전에 집을 나와서 사방으로 날아다니며 먹을 것을 구하여 부모 봉양도 하고, 나뭇가지를 물어다가 집도 짓고, 곡식에 해되는 버러지도 잡아서 하느님 뜻을 받들다가 저녁이 되면 반드시 내 집으로 돌아가되 나가고 돌아올 때에 일정한 시간을 어기지 않건마는, 사람들은 점심때까지 자빠져서 잠을 자고 한 번 집을 떠나서 나가면 혹은 협잡질하기, 혹은 술장보기, 혹은 계집의 집 뒤지기, 혹은 노름하기, 세월이 가는 줄을 모르고 저희 부모가 진지를 잡수었는지, 처자가 기다리는지 모르고 쏘다니는 사람들이 어찌 우리 까마귀의 족속만 하리오. 사람은 일 아니하고 놀면서 잘 입고 잘 먹기를 좋아하되, 우리는 제가 벌어 제가 먹는 것이 옳은 줄 아는 고로 결단코 우리는 사람들 하는 행위는 아니하오. 여러분도 다 아시거니와 우리가 사람에게 업수이 여김을 받을 까닭이 없음을 살피시오."

손뼉 소리에 연단에서 내려가니, 또 한편에서 아리땁고도 밉살스러운 소리로 회장을 부르면서 강똥강똥 연설단을 향하여 올라가니, 어여쁜 태도는 남을 가히 홀릴 만하고 갸웃거리는 모양은 본색이 드러나더라.

제이석, 호가 호위* —— 여우

여우가 연설단에 올라서서 기생이 시조를 부르려고 목을 가다듬는 것처럼 기침 한 번을 캑 하더니 간사한 목소리로 연설을 시작한다.

"나는 여우올시다. 점잖으신 여러분 모이신 데 감히 나와서 연설하옵기는 방자한 듯하오나, 저 인류에게 대하여 소회가 있삽기 호가 호위라 하는 문제를 가지고 두어 마디 말씀을 하려 하오니, 비록 학문은 없는 말이나 용서하여 들어 주시기를 바라옵니다. 사람들이 옛적부터 우리 여우를 가리켜 말하기를, 요망한 것이라, 간사한 것이라 하여 저희들 중에도 요망하든지 간사한 자를 보면 여우 같은 사람이라 하니, 우리가 그 더럽고 괴악한 이름을 듣고 있으나 우리는 참 요망하고 간사한 것이 아니요, 정말 요망하고 간사한 것은 사람이오. 지금 우리와 사람의 행위를 비교하여 보면 사람과 우리와 명칭을 바꾸었으면 옳겠소. 사람들이 우리를 간교하다 하는 것은 다름아니라 〈전국책〉이라 하는 책에 기록하기를, 호랑이가 일백 짐승을 잡아먹으려고 구할 새, 먼저 여우를 얻은지라. 여우가 호랑이더러 말하되,

─────────────

*호가 호위(狐假虎威) 여우가 호랑이의 위세를 빌려 호기를 부린다는 뜻. 남의 권세를 빌려 위세를 부림을 비유.

하느님이 나로 하여금 모든 짐승의 어른이 되게 하였으니 지금 자네가 나의 말을 믿지 아니하거든 내 뒤를 따라와 보라, 모든 짐승이 나를 보면 다 두려워하느니라. 호랑이가 여우의 뒤를 따라가니, 과연 모든 짐승이 보고 벌벌 떨며 두려워하거늘, 호랑이가 여우의 말을 정말로 알고 잡아먹지 못한지라. 이는 저들이 여우를 보고 두려워한 것이 아니라 여우 뒤의 호랑이를 보고 두려워한 것이니, 여우가 호랑이의 위엄을 빌려서 모든 짐승으로 하여금 두렵게 함인데, 사람들은 이것을 빙자하여 우리 여우더러 간사하니 교활하니 하되, 남이 나를 죽이려 하면 어떻게 하든지 죽지 않도록 주선하는 것은 당연한 일이라. 호랑이가 아무리 산중 영웅이라 하지마는 우리에게 속은 것만 어리석은 일이라. 속인 우리야 무슨 불가한 일이 있으리오. 지금 세상 사람들은 당당한 하느님의 위엄을 빌려야 할 터인데, 외국의 세력을 빌려 의뢰하여 몸을 보전하고 벼슬을 얻어 하려 하며, 타국 사람을 부동하여 제 나라를 망하고 제 동포를 압박하니 그것이 우리 여우보다 나은 일이오? 결단코 우리 여우만 못한 물건들이라 하옵네다. (손뼉 소리 천지 진동) 또 나라로 말할지라도 대포와 총의 힘을 빌려서 남의 나라를 위협하여 속국도 만들고 보호국도 만드니, 불한당이 칼이나 육혈포를 가지고 남의 집에 들어가서 재물을 탈취하고 부녀를 겁탈하는 것이나 다를 것이 무엇 있소? 각국이 평화를 보전한다 하여도 하느님의 위엄을 빌려서 도덕상으로 평화를 유지할 생각은 조금도 없고, 전혀 병장기의 위엄으로 평화를 보전하려 하니 우리 여우가 호랑이의 위엄을 빌려서 제 몸의 죽을 것을 피한 것과 어떤 것이 옳고 어떤 것이 그르오? 또 세상 사람들이 구미호를 요망하다 하나 그것은 대단히 잘못 아는 것이라. 옛적 책을 볼지라도 꼬리 아홉 있는 여우는 상서라 하였으니, 〈잠학 거류서〉라 하는 책에는 말하였으되 구미호가 도 있으면 나타나고 나올 적에는 글을 물어 상서를 주문에 지

었다 하였고, 왕포 〈사자강덕론〉이라 하는 책에는 주나라 문왕이 구미호를 응하여 동편 오랑캐를 돌아오게 하였다 하였고, 〈산해경〉*이라 하는 책에는 청구국에 구미호가 있어서 덕이 있으면 오느니라 하였으니, 이런 책을 볼지라도 우리 여우를 요망한 것이라 할 까닭이 없거늘, 사람들이 무식하여 이런 것은 알지 못하고 여우가 천 년을 묵으면 요사스러운 여편네로 화한다 하고, 혹은 말하기를 옛적에 음란한 계집이 죽어서 여우로 태어났다 하니, 이런 거짓말이 어디 또 있으리오. 사람들은 음란하여 별일이 많으되 우리 여우는 그렇지 않소. 우리는 분수를 지켜서 다른 짐승과 교통하는 일이 없고, 우리뿐 아니라 여러분이 다 그러하시되 사람이라 하는 것들은 음란하기가 짝이 없소. 어떤 나라 계집은 개와 통간한 일도 있고, 말과 통간한 일도 있으니, 이런 일은 천하 만국에 한두 사람뿐이겠지마는, 한 숟가락 국으로 온 솥의 맛을 알 것이라 근래에 덕의가 끊어지고 인도가 없어져서 세상이 결딴난 일을 이루 다 말할 수 없소. 사람의 행위가 그러하되 오히려 하느님을 두려워하지 아니하며 짐승을 부끄러워하지 아니하고, 대갓집 규중 여자가 논다니로 놀아나서 이 사람 저 사람 호리기와 각부 아문 공청에서 기생 불러 노름 놀기, 전정이 만 리 같은 각 학교 학도들이 청루방에 다니기와 제 혈육으로 난 자식을 돈 몇 푼에 욕심 나서 논다니로 내어 놓기, 이런 행위를 볼작시면 말하는 내 입이 더러워지오. 에 더러워, 천지간에 더럽고 요망하고 간사한 것은 사람이오. 우리 여우는 그렇지 않소. 저들끼리 간사한 사람을 보면 여우라 하니, 그러한 사람을 여우라 할진댄 지금 세상 사람 중에 여우 아닌 사람이 몇몇이나 있겠소? 또 저희들은 서로 여우 같다 하여도 가만히 듣고 있으되 만일 우리더러 사람 같다 하면 우리는

---

* 〈산해경(山海經)〉 중국 옛날의 지리책으로 산맥 · 하천 · 전설 등이 기록되어 있음.

그 이름이 더러워서 아니 받겠소. 내 소견 같으면 이후로는 사람을 사람이라 하지 말고 여우라 하고, 우리 여우를 사람이라 하는 것이 옳은 줄로 아나이다."

제삼석, 정와 어해* ── 개구리

여우가 연설을 그치고 할금할금 돌아보며 제자리로 내려가니, 또 한편에서 회장을 부르고 아장아장 걸어와서 연단 위에 깡충 뛰어 올라간다.

눈은 톡 불거지고 배는 똥똥하고 키는 작달막한데 눈은 깜작깜작하며 입을 벌죽벌죽하고 연설한다.

"나의 성명은 말씀 아니하여도 여러분이 다 아시리라. 나는 출입이라고는 미나리 논밖에 못 가본 고로 세계 형편도 모르고 또 맹꽁이를 이웃하여 산 고로 구학문의 맹자왈 공자왈은 대강 들었으나 신학문은 아는 것이 변변치 아니하나, 지금 정와의 어해라 하는 문제로 대강 인류 사회를 논란코자 하옵네다. 사람들은 거만한 마음이 많아서 저희들이 천하에 제일이라고, 만물 중에 저희가 가장 귀하다고 자칭하지마는 제 나랏일도 잘 모르면서 양비 대담* 하고 큰소리 탕탕하고 주제넘은 말 하는 것이 우습다. 우리 개구리를 가리켜 말하기를, 우물 안 개구리와 바다 이야기할 수 없다 하니, 항상 우물 안에 있는 개구리는 우물이 좁은 줄만 알고 바다에는 가보지 못하여 바다가 큰지 작은지, 긴지 짧은지, 깊은지 얕은지 알지 못하나 못 본 것을 아는 체는 아니하거늘, 사람들은 좁은 소견을 가지고 외국 형편도 모르고 천하 대세도 살

---

* 정와 어해(井蛙語海) 우물 안 개구리가 바다를 말하다.
* 양비 대담(攘臂大談) 양비 대언. 소매를 걷어 올리고 큰소리를 침.

피지 못하고 공연히 떠들며, 무엇을 아는 체하고 나라는 다 망하여 가건마는 썩은 생각으로 갑갑한 말만 하는도다. 또 어떤 사람들은 제 나라 안에 있어서 제 나랏일을 다 알지 못하면서 보도 듣도 못한 다른 나랏일을 다 아노라고 추척대니 가증하고 우습도다. 연전에 어느 나라 어떤 대관이 외국 대관을 만나서 수작할 새 외국 대관이 묻기를,

"대감이 지금 내무 대신으로 있으니 전국의 인구와 호수가 얼마나 되는지 아시오?"

한데 그 대관이 묵묵 무언하는지라 또 묻기를,

"대감이 전에 탁지 대신을 지내었으니 전국의 결총과 국고의 세출, 세입이 얼마나 되는지 아시오?"

한데 그 대관이 또 아무 말도 못하는지라, 그 외국 대관이 말하기를,

"대감이 이 나라에 나서 이 정부의 대신으로 이같이 모르니 귀국을 위하여 가석하도다."

하였고, 작년에 어느 나라 내부에서 각 읍에 훈령하고 부동산을 조사하여 보아라 하였더니 어떤 군수는 고하기를 '이 고을에는 부동산이 없다' 하여 일세의 웃음거리가 되었으니 이같이 제 나라 일도 크나 작으나 도무지 아는 것 없는 것들이 일본이 어떠하니, 러시아가 어떠하니, 유럽이 어떠하니, 아메리카가 어떠하니, 제가 가장 많이 아는 듯이 지껄이니 기가 막히오. 대저 천지의 이치는 무궁 무진하여 만물의 주인되시는 하느님밖에 아는 이가 없는지라. 〈논어〉*에 말하기를, 하느님께 죄를 얻으면 빌 곳이 없다 하였는데, 그 주에 말하기를 하느님은 곧 이치라 하였으니 하느님이 곧 이치요, 하느님이 곧 만물

---

* **〈논어(論語)〉** 공자와 그의 제자들의 언행을 적은 유교의 경전. 사서(〈논어〉, 〈맹자〉, 〈대학〉, 〈중용〉)의 하나로 공자가 주장하는 사상이 잘 나타나 있다.

〈논어〉

이치의 주인이라. 그런 고로 하느님은 곧 조화주요, 천지 만물의 대주재시니 천지 만물의 이치를 다 아시려니와 사람은 다만 천지간의 한 물건인데 어찌 이치를 알 수 있으리오. 여간 좀 연구하여 아는 것이 있거든 그 아는 대로 세상에 유익하고 세상에 효험 있게 아름다운 사업을 영위할 것이어늘, 조그만치 남보다 먼저 알았다고 그 지식을 이용하여 남의 나라 빼앗기와 남의 백성 학대하기와 군함, 대포를 만들어서 악한 일에 종사하니, 그런 나라 사람들은 당초에 사람되는 영혼을 주지 아니하였더면 도리어 좋을 뻔하였소. 또 더욱 도리에 어기어지는 일이 있으니, 나의 지식이 저 사람보다 조금 낫다고 하면 남을 가르쳐 준다 하고 실상은 해롭게 하며, 남을 인도하여 준다 하고 제 욕심 채우는 일만 하며, 어떤 사람은 제 나라 형편도 모르면서 타국 형편을 아노라고 외국 사람을 부동하여, 인군을 속이고 나라를 해치며 백성을 위협하여 재물을 도둑질하고 벼슬을 도둑질하며 개화하였다고 자칭하고, 양복 입고, 단장 짚고, 궐련 물고, 시계 차고, 살죽경* 쓰고, 인력거나 자행거 타고, 제가 외국 사람인 체하여 제 나라 동포를 압제하며, 혹은 외국 사람 상종함을 영광으로 알고 아첨하며, 제 나랏일을 변변히 알지도 못하는 것을 가르쳐 주며, 여간 월급량이나 벼슬낱이나 얻어 하노라고 남의 나라 정탐꾼이 되어 애매한 사람 모함하기, 어리석은 사람 위협하기로 능사를 삼으니, 이런 사람들은 안다 하는 것이 도리어 큰 병통이 아니오? 우리 개구리의 족속은 우물에 있으면 우물에 있는 분수를 지키고, 미나리 논에 있으면 미나리 논에 있는 분수를 지키고, 바다에 있으면 바다에 있는 분수를 지키나니, 그러면 우리는 사람보다 상등이 아니오니까. (손뼉 소리 짤각짤각) 또 무슨 동물이든지 자식이 아비 닮는 것은 하느님의 정하신 뜻이라.

---

* 살죽경 개화기에 쓰던 안경의 하나.

우리 개구리는 대대로 자식이 아비 닮고 손자가 할아비를 닮되 형용도 똑같고 성품도 똑같아서 추호도 틀리지 않거늘, 사람의 자식은 제 아비 닮는 것이 별로 없소. 요 인군의 아들이 요 인군을 닮지 아니하고, 순 인군의 아들이 순 인군과 같지 아니하고, 하우씨*와 은왕 성탕*은 성인이로되, 그 자손 중에 포악하기로 유명한 걸, 주 같은 이가 나고, 왕건 태조는 영웅이로되 왕우, 왕창*이가 생겼으니, 일로 보면 개구리 자손은 개구리를 닮으되 사람의 새끼는 사람을 닮지 아니하도다. 그러한즉 천지 자연의 이치를 지키는 자는 우리가 사람에게 비교할 것이 아니요, 만일 아비를 닮지 아니한 자식을 마귀의 자식이라 할진대 사람의 자식은 다 마귀의 자식이라 하겠소. 또 우리는 관가 땅에 있으면 관가를 위하여 울고, 사사 땅에 있으면 사사를 위하여 울거늘, 사람은 한 번만 벼슬 자리에 오르면 붕당을 세워서 권리 다툼하기와 권문 세가에 아첨하러 다니기와 백성을 잡아다가 주리를 틀고 돈 빼앗기와 무슨 일을 당하면 청촉 듣고 뇌물받기와 나랏돈 도적질하기와 인민의 고혈을 빨아먹기로 종사하니, 날더러 도적놈 잡으라 하면 벼슬하는 관인들은 거반 다 감옥서감이요, 또 우리들의 우는 것이 울 때에 울고, 길 때에 기고 잠잘 때는 자는 것이 천지 이치에 합당하거늘, 불란서라 하는 나라 양반들이 우리 개구리의 우는 소리를 듣기 싫다고 백성들을 불러 개구리를 다 잡으라 하다가, 마침내 혁명당이 일어나서 난리가 되었으니, 사람같이 무도한 것이 세상에 또 있으리오? 당나라 때에 한 사람이 우리를 두고 글을 짓되, 개구리가 도의 맛을 아는 것 같아서 연꽃 깊은 곳에서 운다 하였으니, 우리의 도덕심 있는 것은 사람도 아는 것이라. 우리가 어찌 사람

* 하우씨(夏禹氏) 중국 한나라의 우 임금을 이르는 말.
* 성탕(成湯) 탕왕의 다른 이름.
* 왕우(王偶) 왕창(王昌) 고려 말의 임금들로 고려가 망하게 된 원인을 만든 이들.

에게 굴복하리오. 동양 성인 공자께서 말씀하시기를 아는 것은 안다 하고 알지 못하는 것은 알지 못한다 하는 것이 정말 아는 것이라 하였으니, 저희들이 천박한 지식으로 남을 속이기를 능사로 알고 천하 만사를 모두 아는 체하니, 우리는 이같이 거짓말은 하지 아니하오. 사람이란 것은 하느님의 이치를 알지 못하고 악한 일만 많이 하니 그대로 둘 수 없으니, 차후는 사람이라 하는 명칭을 주지 않는 것이 대단히 옳을 줄로 생각하오."

넙죽넙죽 하는 말이 소진·장의가 오더라도 당치 못할러라. 말을 그치고 내려오니 또 한편에서 회장을 부르고 나는 듯이 연설단에 올라간다.

제사석, 구밀 복검* —— 벌

허리는 잘록하고 체격은 조그마한데 두 어깨를 떡 벌리고 청랑한 소리로 머리를 까딱까딱하면서 연설한다.

"나는 벌이올시다. 지금 구밀 복검이라 하는 문제를 가지고 잠깐 두어 마디 말씀할 터인데, 먼저 서양서 들은 이야기를 잠깐 하오리다. 당초에 천지 개벽할 때에 하느님이 에덴 동산을 준비하사 각색 초목과 각색 짐승을 그 안에 두고 사람을 만들어 거기서 살게 하시니, 그 사람의 이름은 아담이라 하고 그 아내는 하와라 하였는데, 지금 온 세상 사람들의 조상이라. 사람은 특별히 모양이 하느님과 같고 마음도 하느님과 같게 하였으니 사람은 곧 하느님의 아들이라 하는 뜻을 잊지 말고 하느님의 마음을 본받아 지극히 착하게 되어야 할 터인데, 아담과 하와가 죄를 짓고 에덴 동산에서 쫓겨난지라. 우리 벌의 조상

---

* **구밀 복검**(口蜜腹劍) 입에는 꿀, 뱃속에는 칼이라는 뜻. 말은 정답게 하나 속으로는 해칠 생각이 있다는 말.

은 죄도 아니 짓고 하느님의 뜻대로 순종하여 각색 초목의 꽃으로 우리의 전답을 삼고 꿀을 농사하여 양식을 만들어 복락을 누리니 조상 적부터 우리가 사람보다 나은지라. 세상이 오래되어 갈수록 사람은 하느님과 더욱 멀어지고 오늘날 와서는 가죽은 사람의 형용이 그대로 있으나 실상은 시랑*과 마귀가 되어 서로 싸우고, 서로 죽이고, 서로 잡아먹어서, 약한 자의 고기는 강한 자의 밥이 되고, 큰 것은 작은 것을 압제하여 남의 권리를 늑탈*하여 남의 재산을 속여 빼앗으며, 남의 토지를 앗아가며, 남의 나라를 위협하여 망케 하니, 그 흉측하고 악독함을 무엇이라 이르겠소? 사람들이 우리 벌을 독한 사람에게 비유하여 말하기를, 입에 꿀이 있고 배에 칼이 있다 하나 우리 입의 꿀은 남을 꾀려 하는 것이 아니라 우리 양식을 만드는 것이요, 우리 배의 칼은 남을 공연히 쏘거나 찌르는 것이 아니라 남이 나를 해치려 하는 때에 정당 방위로 쓰는 칼이오. 사람같이 입으로는 꿀같이 말을 달게 하고 배에는 칼 같은 마음을 품은 우리가 아니오. 또 우리의 입은 항상 꿀만 있으되 사람의 입은 변화가 무쌍하여 꿀같이 달 때도 있고, 고추같이 매울 때도 있고, 칼같이 날카로울 때도 있고, 비상같이 독할 때도 있어서, 맞대하였을 때에는 꿀을 들이붓는 것같이 달게 말하다가 돌아서면 흉보고, 욕하고, 노여워하고, 악담하며, 좋아 지낼 때에는 깨소금 항아리같이 고소하고 맛있게 수작하다가, 조금만 미흡한 일이 있으면 죽일 놈 살릴 놈하며 무성포*가 있으면 곧 놓아 죽이려 하니 그런 악독한 것이 어디 또 있으리오. 에, 여러분 여보시오, 그래, 우리 짐승 중에 사람들처럼 그렇게 악독한 것들이 있단 말이오? (손뼉 소리 귀가 막막) 사람들이 서로 욕설하는 소리를 들

---

* 시랑(豺狼) 승냥이와 이리. 탐욕이 많고 무자비한 사람의 비유.
* 늑탈(勒奪) 강제로 빼앗는 것. 강탈.
* 무성포(無聲砲) 소리 없는 총이나 대포.

으면 참 귀로 들을 수 없소. 별 흉악 망측한 말이 많소. '빠가' '까뗌' 같은 욕설은 오히려 관계치 않소. '네밀 붙을 놈' '염병에 땀을 못 낼 놈' 하는 욕설은 제 입을 더럽히고 제 마음 악한 줄을 모르고 얼씬하면 이런 욕설을 함부로 하니 어떻게* 흉악한 소리오. 에, 사람의 입에는 도덕상 좋은 말은 별로 없고 못된 소리만 쓸데없이 지저귀니 그것들을 사람이라고? 그것들을 만물 중에 가장 귀한 것이라고? 우리는 천지간의 미물이로되 그렇지는 않소. 또 우리는 인군을 섬기되 충성을 다하고, 장수를 모시되 군령이 분명하며, 제각각 직업을 지켜 일을 부지런히 하여 주리지 아니하거늘, 어떤 나라 사람들은 제 인군을 죽이고 역적의 일을 하며, 제 장수의 명령을 복종치 아니하고 난병도 되며, 백성들은 게을러서 아무 일도 아니하고 공연히 쏘다니며 놀고 먹고 입기 좋아하며, 술이나 먹고 노름이나 하고, 계집의 집이나 찾아다니고, 협잡이나 하고, 그렁저렁 세월을 보내어 집이 구차하고 나라가 가난하니 사람으로 생겨나서 우리 벌들보다 낫다 하는 것이 무엇이오?

서양의 어느 학자가 우리를 두고 노래를 하나 지었으니,

아침 이슬 저녁 볕에
이 꽃 저 꽃 찾아가서
부지런히 꿀을 물고
제 집으로 돌아와서
반은 먹고 반은 두어
겨울 양식 저축하여
무한 복락 누릴 때에

---

* 어떻게 '얼마나'의 뜻으로 볼 수 있음.

하느님의 은혜라고
빛난 날개 좋은 소리
아름답게 찬미하네

그래, 사람 중에 사람스러운 것이 몇이나 있소? 우리는 사람들에게
시비 들을 것 조금도 없소. 사람들의 악한 행위를 말하려면 끝이 없
겠으나 시간이 부족하여 그만둡네다.”

제오석, 무장 공자[*] —— 게

벌이 연설을 그치고 미처 연설단을 내려서기 전에 또 한편에서 회장
을 부르고 나오니, 모양이 기괴하고 눈에 영채가 있어 힘센 장수같이
두 팔을 쩍 벌리고 어깨를 추썩추썩하며 하는 말이,
“나는 게올시다. 지금 무장 공자라 하는 문제로 연설할 터인데, 무장
공자라 하는 말은 창자 없는 물건이라 하는 말이니, 옛적에 포박자*
라 하는 사람이 우리 게의 족속을 가리켜 무장 공자라 하였으니 대단
히 무례한 말이로다. 그래, 우리는 창자가 없고 사람들은 창자가 있
소? 시방 세상 사는 사람 중에 옳은 창자 가진 사람이 몇 명이나 되겠
소? 사람의 창자는 참 썩고 흐리고 더럽소. 의복은 능라주의로 자르
르 흐르게 잘 입어서 외양은 좋아도 다 가죽만 사람이지 그 속에는
똥밖에 아무것도 없소. 좋은 칼로 배를 가르고 그 속을 보면 구린내
가 물큰물큰 나오. 지금 어떤 나라 정부를 보면 깨끗한 창자라고는
아마 몇 개 없으리다. 신문에 그렇게 나무라고, 사회에서 그렇게 시

---

* **무장 공자(無腸公子)** 창자가 없다는 뜻으로 게를 일컬음. 기력이 없는 사람의 비유.
* **포박자(抱朴子)** 중국 동진의 갈홍이라는 도인. ‘포박자’는 그의 호이면서 그가 쓴 책이름.
  내편에는 도교 사상이 체계적으로 서술되어 있고, 외편에는 유교적 정치론으로 시정의 이해
  득실이 서술되어 있음.

비하고, 백성이 그렇게 원망하고, 외국 사람이 그렇게 욕들을 하여도 모르는 체하니 이것이 창자 있는 사람들이오? 그 정부에 옳은 마음 먹고 벼슬하는 사람 누가 있소? 한 사람이라도 있거든 있다고 하시오. 만판 경륜*이 인군 속일 생각, 백성 잡아먹을 생각, 나라 팔아먹을 생각밖에 아무 생각 없소. 이같이 썩고 더럽고 똥만 들어서 구린내가 물큰물큰 나는 창자보다는 우리의 없는 것이 도리어 낫소. 또 욕을 보아도 성낼 줄도 모르고, 좋은 일을 보아도 기뻐할 줄 알지 못하는 사람이 많이 있소. 남의 압제를 받아 살 수 없는 지경에 이르되 깨닫고 분한 마음 없고, 남에게 그렇게 욕을 보아도 노여할 줄 모르고 종 노릇 하기만 좋게 여기고 달게 여기며, 관리에 무례한 압박을 당하여도 자유를 찾을 생각이 도무지 없으니, 이것이 창자 있는 사람들이라 하겠소? 우리는 창자가 없다 하여도 남이 나를 해치려 하면 죽더라도 가위로 집어 한 놈 물고 죽소. 내가 한 번 어느 나라에 지나다 보니 외국 병정이 지나가는데, 그 나라 부인을 건드려 젖통이를 만지려 하매 그 부인이 소리를 지르고 욕을 한즉, 그 병정이 발로 차고 손으로 때려서 행악이 무쌍한지라, 그 나라 사람들이 모여서 그것을 구경만 하고 한 사람도 대들어 그 부인을 도와 주고 구원하여 주는 사람이 없으니, 그 사람들은 그 부인이 외국 사람에게 당하는 것을 상관없는 줄로 알아서 그러한지 겁이 나서 그러한지 결단코 남의 일이 아니라 저희 동포가 당하는 일이니 저희들이 당함이어늘, 그것을 보고 분낼 줄 모르고 도리어 웃고 구경만 하니, 그 부인의 오늘날 당하는 욕이 내일 제 어미나 제 아내에게 또 돌아올 줄을 알지 못하는가? 이런 것들이 창자 있다고 사람이라 자긍하니 허리가 아파 못 살겠소. 창자 없는 우리 게는 어찌하면 좋겠소? 나라에 경사가 있

＊경륜(經綸) 어떤 포부를 가지고 일을 조직하고 계획하는 것. 또는 그러한 포부.

으되 기뻐할 줄을 알지 못하여 국기 하나 내어 꽂을 줄 모르니 그것이 창자 있는 것이오? 그런 창자는 부럽지 않소. 창자 없는 우리 게의 행한 사적을 좀 들어 보시오. 송나라 때 추호라 하는 사람이 채경에서 사로잡혀 소주로 귀양갈 때 우리가 구원하였으며, 산주구세라 하는 때에 한 처녀가 죽게 된 것을 살려 내느라고 큰 뱀을 우리 가위로 잘라 죽였으며, 산신과 싸워서 호인의 배를 구원하였고, 객사한 송장을 드러내어 음란한 계집의 죄를 발각하였으니, 우리의 행한 일은 다 옳고 아름다운 일이오. 사람같이 더러운 일은 하지 않소. 또 사람들도 우리의 행위를 자세히 아는 고로 '게도 제 구멍이 아니면 들어가지 아니한다'는 속담이 있소. 참 그러하지요. 우리는 암만 급하더라도 들어갈 구멍이라야 들어가지, 부당한 구멍에는 들어가지 않소. 사람들을 보면 부당한 데로 들어가는 사람이 많소. 부모 처자를 내버리고 중이 되어 산 속으로 들어가는 이도 있고, 여염집 부인네들은 음란한 생각으로 불공한다 핑계하고 절간 초막으로 들어가는 이도 있고, 명예 있는 신사라 자칭하고 쓸데없는 돈 내버리러 기생집에 들어가는 이도 있고, 옳은 길 내버리고 그른 길로 들어가는 사람, 옳은 종교 싫다 하고 이단으로 들어가는 사람, 돌을 안고 못으로 들어가는 사람, 섶을 지고 불로 들어가는 사람, 이루 다 말할 수 없소. 당연히 들어갈 데와 못 들어갈 데를 분별치 못하고 못 들어갈 데를 들어가서 화를 당하고 패를 보고 해를 끼치니, 이런 사람들이 무슨 창자 있노라고 우리의 창자 없는 것을 비웃소? 지금 사람들을 보면 그 창자가 다 썩어서 미구*에 창자 있는 사람은 한 개도 없이 다 무장 공자가 될 터이니, 이 다음에는 사람더러 무장 공자라 불러야 옳겠소."

---

*미구(未久) 앞으로 오래지 않음. 머지않아.

제육석, 영영지극[*] ─── 파리

게가 입에서 거품이 부걱부걱 나오며 수용 산출[*]로 하던 말을 그치고 엉금엉금 기어 내려가니, 파리가 또 회장을 부르고 나는 듯이 연단에 올라가서 두 손을 싹싹 비비면서 말을 한다.

"나는 파리올시다. 사람들이 우리 파리를 가리켜 말하기를, 파리는 간사한 소인이라 하니, 대저 사람이라 하는 것들은 저희 흉은 살피지 못하고 다만 남의 말은 잘하는 것들이오. 간사한 소인의 성품과 태도를 가진 것들은 사람들이오. 우리는 결단코 소인의 성품과 태도는 가진 것이 아니오. 〈시전〉이라 하는 책에 말하기를 '영영한 푸른 파리가 횃대에 앉았다' 하였으니, 이것은 우리를 가리켜 한 말이 아니라 사람들을 비유한 말이오. 옛 글에 '방에 가득한 파리를 쫓아도 없어지지 않는다' 하는 말도 우리를 두고 한 말이 아니라 사람 중의 간사한 소인을 가리켜 한 말이오. 우리는 결코 간사한 일은 하지 아니하였소마는, 인간에는 참 소인이 많습니다. 사슴을 가리켜 말이라 하여 인군을 속인 것이 비단 조고 한 사람뿐 아니라, 지금 망하여 가는 나라 조정을 보면 온 정부가 다 조고 같은 간신이요, 천자를 끼고 제후에게 호령함이 또한 조조 한 사람뿐 아니라, 지금은 도덕은 떨어지고 효박한[*] 풍기를 보면 온 세계가 다 조조 같은 소인이라 웃음 속에 칼이 있고 말 속에 총이 있어, 친구라고 사귀다가 저 잘되면 차버리고, 동지라고 상종타가 남 죽이고 저 잘되기, 누구누구는 빈천지교[*] 저버리고 조강지처 내쫓으니 그것이 사람이며, 아무아무 유지지사[*] 고발

---

[*] 영영지극(營營之極) 매우 바쁨을 일컬음.
[*] 수용 산출(水湧山出) 시문을 짓는 재주가 뛰어남.
[*] 효박(淆薄)하다 인정, 물정 등이 쌀쌀하고 각박하다.
[*] 빈천지교(貧賤之敎) 가난하고 미천할 때 사귄 사이.
[*] 유지지사(有志之士) 세상 일을 근심하는 사람.

하여 감옥서에 몰아넣고 저 잘되기 희망하니 그것도 사람인가? 쓸개에 가 붙고 간에 가 붙어 요리조리 알씬알씬하는 사람 정말 밉기도 밉습디다. 여러분도 다 아시거니와 그래 공담*으로 말하자면 우리가 소인이오, 사람들이 간물*이오? 생각들 하여 보시오. 또 우리는 먹을 것을 보면 혼자 먹는 법 없소. 여러 족속을 청하고 여러 친구를 불러서 화락한 마음으로 한가지로 먹지마는, 사람들은 이(利) 끝만 보면 형제간에도 의가 상하고 일가간에도 정이 없어지며, 심한 자는 서로 골육 상잔하기를 예사로 하니, 참 기가 막히오. 동포끼리 서로 사랑하고, 서로 구제하는 것은 하느님의 이치어늘 사람들은 과연 저희 동포끼리 사랑하는가? 저들끼리 서로 빼앗고, 서로 싸우고, 서로 시기하고, 서로 흉보고, 서로 총을 쏘아 죽이고, 서로 칼로 찔러 죽이고, 서로 피를 빨아 마시고, 서로 살을 깎아 먹되 우리는 그렇지 않소. 세상에 제일 더러운 것은 똥이라 하지마는, 우리가 똥을 눌 때 남이 다 보고 알도록 흰 데는 검게 누고 검은 데는 희게 누어서 남을 속일 생각은 하지 않소. 사람들은 똥보다 더 더러운 일을 많이 하지마는 혹 남의 눈에 보일까, 남의 입에 오르내릴까, 겁을 내어 은밀히 하되 무소 부지하신 하느님은 먼저 아시고 계시오. 옛적에 유형이라 하는 사람은 부채를 들고 참외에 앉은 우리를 쫓고, 왕사라 하는 사람은 칼을 빼어 먹이를 먹는 우리를 쫓을 새, 저 사람들이 그렇게 쫓으되 우리가 가지 아니함을 성내어 하는 말이, 파리는 쫓아도 도로 온다며 미워하니, 저희들이 쫓을 것은 쫓지 아니하고 아니 쫓을 것은 쫓는도다. 사람들은 우리를 쫓으려 할 것이 아니라 불가불 쫓아야 할 것이 있으니, 사람들아, 부채를 놓고 칼을 던지고 잠깐 내 말을 들어라. 너희들이 당연히 쫓을 것은 너희 마음을 수고롭게 하는 마귀니라. 사

---

* 공담(公談) 공평한 말.
* 간물(奸物) 간사한 사람. 간인.

람들아 사람들아, 너희들은 너희 마음 속에 있는 물욕을 쫓아 버려라. 너희 머릿속에 있는 썩은 생각을 내어 쫓으라. 너희 조정에 있는 간신들을 쫓아 버려라. 너희 세상에 있는 소인들을 내쫓으라. 참외가 다 무엇이며, 먹이가 다 무엇이냐? 사람들아 사람들아, 우리 수십억 만 마리가 일제히 손을 비비고 비나니, 우리를 미워하지 말고 하느님이 미워하시는, 너희를 해치는 여러 마귀를 쫓으라. 손으로만 빌어서 아니 들으면 발로라도 빌겠다."

의기가 양양하여 사람을 저희 똥만치도 못하게 나무라고 겸하여 충고의 말로 권고하고 내려간다.

제칠석, 가정맹어호[*] —— 호랑이

웅장한 소리로 회장을 부르니 산천이 울린다.

연단에 올라서서 머리를 설레설레 흔들고 좌중을 내려다보니 눈알이 등불 같고 위풍이 늠름한데, 주홍 같은 입을 떡 벌리고 어금니를 부지직 갈며 연설하는데, 좌중이 조용하다.

"본원의 이름은 호랑이인데 별호는 산군이올시다. 여러분 중에도 혹 아시는 이도 있을 듯하오. 지금 가정이 맹어호라 하는 문제를 가지고 두어 마디 할 터인데, 이것은 여러분 아시는 것과 같이 옛적 유명한 성인 공자님이 하신 말씀이라. 가정이 맹어호라 하는 뜻은 까다로운 정사가 호랑이보다 무섭다 함이니, 양자라 하는 사람도 이와 같은 말을 했는데, 혹독한 관리는 날개 있고 뿔 있는 호랑이와 같다 한지라, 세상에 사람들이 말하기를 제일 포악하고 무서운 것은 호랑이라 하

---

* 가정 맹어호(苛政猛於虎) 가혹한 정치의 해독은 호랑이의 해독보다 사납다는 말.

였으니 자고 이래로 사람들이 우리에게 해를 받은 자가 몇 명이나 되느뇨? 도리어 사람이 사람에게 해를 당하며 살육을 당한 자가 몇억만 명인지 알 수 없소. 우리는 설사 포악한 일을 할지라도 깊은 산과 깊은 골과 깊은 수풀 속에서만 횡행할 뿐이요, 사람처럼 청천 백일지하에 왕궁 국도에서는 하지 아니하거늘, 사람들은 대낮에 사람을 죽이고 재물을 빼앗으며 죄없는 백성을 감옥서에 몰아넣어서 돈 바치면 내어놓고 세 없으면 죽이는 것과, 인군은 아무리 인자하여 사전*을 내리더라도 법관이 용사*하여 공평치 못하게 죄인을 조종하고 돈을 받고 벼슬을 내어서 그 벼슬한 사람이 그 밑천을 뽑으려고 음흉한 수단으로 정사를 까다롭게 하여 백성을 못견디게 하니, 사람들의 악독한 일을 우리 호랑이에게 비하여 보면 몇만 배가 더 될는지 알 수 없소. 또 우리는 다른 동물을 잡아먹더라도 하느님이 만들어 주신 발톱과 이빨로 하느님의 뜻을 받아 천성의 행위를 행할 뿐이어늘, 사람들은 학문을 이용하여 화학이니 물리학이니 배워서 사람의 도리에 유식하고 옳은 일에 쓰는 것은 별로 없고, 각색 병기를 발명하여 군함이니 총이니 탄환이니 화약이니 칼이니 활이니 하는 등물을 만들어서 재물을 무한히 내버리고 사람을 무수히 죽여서, 나라를 만들 때의 만반 경륜은 다 남을 해하려는 마음뿐이라. 그런 고로 영국 문학박사 판스라 하는 사람이 말하기를 '사람이 사람에게 대하여 잔인한 까닭으로 수천만 명 사람이 참혹한 지경에 들어갔도다' 하였고, 옛날 진회왕이 초회왕을 청하매 초회왕이 진나라에 들어가려 하거늘, 그 신하 굴평이 간하여 가로되, '진나라는 호랑이 나라이라 가히 믿지 못할지니 가시지 말으소서' 하였으니, 호랑이의 나라가 어찌 진나라 하나뿐이리오. 오늘날 오대주를 둘러보면, 사람 사는 곳곳마다 어느

* 사전(赦典) 국가에 경사가 있을 때 죄인을 용서하여 주던 특전.
* 용사(用事) 용권. 권한이나 권력을 이용함.

나라가 욕심 없는 나라가 있으며 어느 나라가 포학하지 아니한 나라가 있으며 어느 인간이 고상한 천리(天理)를 말하는 자가 있으며, 어느 세상에 진정한 인도를 의논하는 자가 있느뇨? 나라마다 진나라요, 사람마다 호랑이라. 세상 사람들이 말하기를 호랑이는 포학 무쌍한 것이라 하되, 이것은 알지 못하는 말이로다. 우리는 원래 천품이 은혜를 잘 갚고 의리를 깊이 아나니, 글자 읽는 사람은 짐작할 듯하오. 옛적에, 진나라 곽무자라 하는 사람이 호랑이 목구멍에 걸린 뼈를 빼내어 주었더니 사슴을 드려 은혜를 갚았고, 영윤 자문을 나서 몽택에 버렸더니 젖을 먹여 길렀으며, 양위의 효성을 감동하여 몸을 물리쳤으니, 이런 일을 보면 우리가 은혜를 감동하고 의리를 아는 것이라. 사람들로 말하면 은혜를 알고 의리를 지키는 사람이 몇몇이나 되겠소? 옛적 사람이 말하기를 호랑이를 기르면 후환이 된다 하여 지금까지 양호 유환이라 하는 문자를 쓰지마는, 되지 못한 사람의 새끼를 기르는 것이 도리어 정말 후환이 되는지라. 호랑이 새끼를 길러서 돈을 모으는 사람은 있으되 사람의 자식을 길러서 덕을 보는 사람은 별로 없소. 또 속담에 이르기를, '호랑이 죽음은 껍질에 있고 사람의 죽음은 이름에 있다' 하니 지금 세상 사람에 정말 명예 있는 사람이 몇 명이나 있소? 인생 칠십 고래희라, 한 세상 살 동안이 얼마 되지 아니한데 옳은 일만 할지라도 다 못 하고 죽을 터인데 꿈결 같은 이 세상을 구구히 살려 하여 못된 일 할 생각이 시꺼멓게 있어서, 앞문으로 호랑이를 막고 뒷문으로 승냥이를 불러들이는 자도 있으니 어찌 불쌍치 아니하리오. 옛적 사람은 호랑이의 가죽을 쓰고 도적질하였으나 지금 사람들은 껍질은 사람의 껍질을 쓰고 마음은 호랑이의 마음을 가져서 더욱 험악하고 더욱 흉포한지라. 하느님은 지공 무사*하신 하느

---

* **지공 무사**(至公無私) 지극히 공평하고 사사로움이 없음.

님이시니, 이같이 험악하고 흉포한 것들에게 제일 귀하고 신령하다는 권리를 줄 까닭이 무엇이오. 사람으로 못된 일 하는 자의 종자를 없애는 것이 좋은 줄로 생각하옵네다."

제팔석, 쌍거 쌍래[*] —— 원앙

호랑이가 연설을 그치고 내려가니 또 한편에서, 형용이 단정하고 태도가 신중한 어여쁜 원앙새가 연단에 올라서서 애연한 목소리로 말을 한다.

"나는 원앙이올시다. 여러분이 인류의 악행을 공격하는 것이 다 절담[*]한 말씀이로되 인류의 제일 괴악한 일은 음란한 것이오. 하느님이 사람을 내실 때에 한 남자에 한 여인을 내셨으니, 한 사나이와 한 여편네가 서로 저버리지 아니함은 천리에 정한 인륜이라. 사나이도 계집을 여럿 두는 것이 옳지 않고 여편네도 서방을 여럿 두는 것이 옳지 않거늘, 세상 사람들은 다 생각하기를, 사나이는 계집을 많이 두고 호강하는 것이 좋은 것인 줄로 알고 처첩을 두셋씩 두는 사람도 있으며, 어떤 사람은 오륙 명도 두는 자도 있으며, 혹은 장가든 뒤에 그 아내를 돌아다보지 아니하고 두 번 세 번 장가드는 자도 있으며, 혹은 아내를 소박하고 첩을 사랑하다가 패가 망신하는 자도 있으니, 사나이가 두 계집 두는 것은 천리에 어기어짐이라. 계집이 두 사나이를 두면 변고로 알고 사나이가 두 계집을 두는 것은 예사로 아니, 어찌 그리 편벽되며, 사나이가 남의 계집 도적함은 꾸짖지 아니하고 계집이 남의 사나이를 상관하면 큰 변인 줄 아니, 어찌 그리 불공평하오?

---

* 쌍거 쌍래(雙去雙來) 항상 함께하는 의좋은 부부.
* 절담(絕談) 뛰어나게 잘한 말.

하느님의 천연한 이치로 말할진대 사나이는 아내 한 사람만 두고 여편네는 남편 한 사람만 좇을지라. 물론, 남녀 무론하고 두 사람을 두든지 섬기는 것은 옳지 아니하거늘, 지금 세상 사람들은 괴악하고 음란하고 박정하여 길가의 한 가지 버들을 꺾기 위하여 백년 해로하려던 사람을 잊어버리고, 동산의 한 송이 꽃을 보기 위하여 조강지처를 내쫓으며, 남편이 병이 들어 누웠는데 의원과 간통하는 일도 있고, 복을 빌어 불공한다 가탁하고 중서방하는 일도 있고, 남편 죽어 사흘이 못 되어 서방 해갈 주선하는 일도 있으니, 사람들은 계집이나 사나이나 인정도 없고 의리도 없고 다만 음란한 생각뿐이라 할 수밖에 없소. 우리 원앙새는 천지간에 지극히 적은 물건이로되 사람과 같이 그런 더러운 행실은 아니하오. 남녀의 법이 유별하고 부부의 윤기*가 지중한 줄을 아는 고로 음란한 일은 결코 없소. 사람들은 우리 원앙새의 역사를 짐작하기로 이야기하는 말이 있소. 옛날에 한 사냥꾼이 원앙새 한 마리를 잡았더니 암원앙새가 수원앙새를 잃고 수절하여 과부로 있은 지 일 년 만에 또 그 사냥꾼의 화살에 맞아 잡힌 바된지라, 사냥꾼이 원앙새를 잡아 가지고 집으로 돌아와서 털을 뜯을새, 날개 아래 무엇이 있거늘 자세히 보니 거년에 자기가 잡아 온 수원앙새의 대가리라. 이것은 암원앙새가 수원앙새와 같이 있다가 수원앙새가 사냥꾼의 화살을 맞아서 떨어지니, 그 창황 중에도 수원앙새의 대가리를 집어 가지고 숨어서 일시의 난을 피하여 짝 잃은 한을 잊지 아니하고 서방의 대가리를 날개 밑에 끼고 슬피 세월을 보내다가 또한 사냥꾼에게 잡힌 바 된지라. 그 사냥꾼이 이것을 보고 정절이 지극한 새라 하여 먹지 아니하고 정결한 땅에 장사를 지낸 후로 그 때부터 다시는 원앙새는 잡지 아니하였다 하니, 우리 원앙새는 짐

---

*윤기(倫紀) 윤리와 기강.

승이로되 절개를 지킴이 이러하오. 사람들의 행위를 보면 추하고 비루하고* 음란하여 우리보다 귀하다 할 것이 조금도 없소. 사람들의 행사를 대강 말할 터이니 잠깐 들어보시오. 부인이 죽으면 불쌍히 여기는 남편이 몇이나 되겠소? 상처한 후에 사나이 수절하였다는 말은 들어 보도 못 하였소. 낱낱이 재취를 하든지, 첩을 얻든지, 자식에게 못할 노릇 하고 집안에 화근을 일으키어 화기를 손상케 하고, 계집으로 말하면 남편 죽은 후에 수절하는 사람은 많으나 속으로 서방질 다니며 상부한 지 며칠이 못 되어 개가할 길 찾느라고 분주한 계집도 있고, 또 자식을 낳아서 개구멍이나 다리 밑에 내어 버리는 것도 있으며, 심한 계집은 간부에게 혹하여 산 서방을 두고 도망질하기와 약을 먹여 죽이는 일까지 있으니, 저희들의 별별 괴악한 일은 이루 다 말할 수 없소. 세상에 제일 더럽고 괴악한 것은 사람이라, 다 말하려면 내 입이 더러워질 터이니까 그만두겠소."

원앙새가 연설을 그치고 연단에서 내려오니, 회장이 다시 일어나서 말한다.

폐회

"여러분 하시는 말씀 들으니 다 옳으신 말씀이오. 대저 사람이라 하는 동물은 세상에 제일 귀하다 신령하다 하지마는 나는 말하자면, 제일 어리석고 제일 더럽고 제일 괴악하다 하오. 그 행위를 들어 말하자면 한정이 없고, 또 시간이 진하였으니 그만 폐회하오."

하더니 그 안에 모였던 짐승이 일시에 나는 자는 날고, 기는 자는 기고,

---

* 비루(鄙陋)하다 행동이나 성질이 너절하고 더럽다.

뛰는 자는 뛰고, 우는 자도 있고, 짖는 자도 있고, 춤추는 자도 있어, 다 각각 돌아가더라.

슬프다! 여러 짐승의 연설을 듣고 가만히 생각하여 보니, 세상에 불쌍한 것이 사람이로다. 내가 어찌하여 사람으로 태어나서 이런 욕을 보는고! 사람은 만물 중에 귀하기도 제일이요, 신령하기도 제일이요, 재주도 제일이요, 지혜도 제일이라 하여 동물 중에 제일 좋다 하더니 오늘날에 보면 제일로 악하고, 제일 흉괴하고, 제일 음란하고, 제일 간사하고, 제일 더럽고, 제일 어리석은 것은 사람이로다. 까마귀처럼 효도할 줄도 모르고, 개구리처럼 분수 지킬 줄도 모르고, 여우보다도 간사하고, 호랑이보다도 포악하고, 벌과 같이 정직하지도 못하고, 파리같이 동포 사랑할 줄도 모르고, 창자 없는 일은 게보다 심하고, 부정한 행실은 원앙새가 부끄럽도다.

여러 짐승이 연설 할 때 나는 사람을 위하여 변명 연설을 하리라 하고 몇 번 생각하여 본즉 무슨 말로 변명할 수 가 없고, 반대를 하려 하나 현하 지변*을 가지고도 쓸데가 없도다. 사람이 떨어져서 짐승의 아래가 되고 짐승이 도리어 사람보다 상등이 되었으니 어찌하면 좋을꼬. 예수님의 말씀을 들으니 하느님이 아직도 사람을 사랑하신다 하니, 사람들이 악한 일을 많이 하였을지라도 회개하면 구원 얻는 길이 있다 하였으니, 이 세상에 있는 여러 형제 자매는 깊이깊이 생각하시오.

---

* 현하 지변(懸河之辯) 현하 구변, 물 흐르듯 거침없이 잘하는 말.

심사정의 〈맹호도〉

공진회

이 책을 읽는 사람에게 주는 글

사람들은 울지 말지어다, 슬픔 후에는 기꺼움이 있나니라. 사람들은 웃지 말지어다, 기꺼운 후에는 슬픔이 생기나니라. 기꺼운 일을 보고 웃으며, 슬픈 일을 보고 우는 것은 인정의 상태라 하지마는, 사람의 국량은 좁으니라, 넓은 체하지 말지어다. 사람의 지식은 적으니라, 많은 체하지 말지어다. 하늘은 크고 큰 공중이라 누가 그 넓음을 측량하리요. 지구에서 태양을 가려면 몇백만 리가 되는데, 태양에서 또 저편 별까지 가려면 몇억백만 리가 되고, 그 별에서 또 저편 별까지 가려면 몇억천만 리가 되어, 이렇게 한량없이 갈수록 막히는 곳이 없으니 그 넓음이 얼마나 되느뇨? 세상은 가늘고 가는 이치 속이라, 누가 능히 그 아득함을 발명하리요.

사람마다 생각하라. 우리 할아버지가 우리 아버지를 낳으셨으며, 아버지가 나를 낳으셨으니 할아버지가 할머니와 혼인이 되었으므로 아버지를 낳으셨으나, 그 때에 만일 할머니와 혼인이 아니되고 다른 부인과 혼인이 되었으면 그래도 우리 아버지를 낳으시고 또 내가 생겨났을는지? 또 아버지가 어머니와 혼인이 되었으므로 나를 낳으셨으나, 그 때 만일 다른 부인과 혼인이 되었다면 그래도 내가 이 모양으로 이 세상에 생겨났을는지? 이것으로 말미암아 증조부 · 고조부 · 오대조 · 육대조 · 시조까지 올라가며 여러 십 대, 여러 백 대 중에서 어느 대에서든지 한 번만 혼인이 빗되었으면 오늘 이 모양의 나는 이 세상에 생기게 되었을는지 알지 못할지니, 세상 사람이 생겨난 것부터 이렇게 요행이요, 우연한 인연이라. 그 아득함이 어떠한가?

하늘은 큰 공중이라 넓고 넓어 한량이 없고, 세상은 가늘고 가는 이치 속이라 아득하고 아득하여 알지 못할지니 사람의 국량이 아무리 넓을지라도 공중에 비할 수 없고, 사람의 지식이 아무리 많을지라도 조화 주는 따르지 못할지라.

그러나 사람은 일정한 국량이 있고 보통의 지식이 있는 고로 기뻐하며 노여하며, 슬퍼하며 즐겨하며, 사랑하며 미워하며, 욕심내며 겁내는 인정이 있으니, 사람은 이 여덟 가지 정이 있는 고로 사람은 아무리 하여도 사람에 벗어나지 못하고, 국량은 아무리 하여도 그 국량이요, 지식은 아무리 하여도 그 지식이라. 술 취하여 미인의 무릎을 베개 하고 술 깨어 천하의 권세를 주무르며, 한번 호령하면 천지가 진동하고, 한번 나서면 만민이 경외하는 고금의 영웅들이 장하고 크다마는, 역시 한 때 장난에 지나지 못하고, 물리를 연구하여 화륜선 · 화륜차 · 전보 · 비행기 등속을 발명하여 예전에 없던 일을 지금 있게 하는 이학 박사여, 용하고 가상하다마는 세상 이치의 일부분을 깨달음에 지나지 아니하도다.

영웅의 끼친 역사는 슬픔과 기꺼움의 종자요, 박사의 발명한 물건은 욕심과 희망의 자취라. 그러한즉 사람은 욕심과 희망으로 살고 슬픔과 기꺼움으로 소견*하는 것인가? 사람이 아들 낳기를 바라다가 아들을 낳으면 기꺼워하고 그 아들이 죽으면 슬퍼하리니, 아들 낳기를 바라는 것은 욕심이며 희망이요, 낳을 때에 기꺼워하고 죽을 때에 슬퍼함은 사람이 세상에 살아가는 역사를 지음이요, 사람이 부자 되기를 원하다가 재물을 얻으면 기꺼워하고 그 재물을 잃으면 슬퍼하리니, 부자 되기를 원함은 욕심이며 희망이요, 얻을 때에 기꺼워하고 잃을 때에 슬퍼함은 또한 사람이 세상에 살아가는 역사를 만듦이라.

크고 넓은 천지에서 내가 지금 다른 곳에 있지 아니하고 이 곳에 있으며, 가늘고 아득한 이치 속에서 내가 이왕에 나지도 아니하고 장래에 나지도 아니하고 불선 불후 꼭 지금 요때에 나서 입을 열어 기껍게 대소할 때도 있고, 주먹을 두드려 슬프게 통곡할 때도 있고, 지금은 먹을 갈고 붓을 들어 눈으로 보이는 세상 사람의 슬퍼하고 기꺼워하는 여러 가지 형편을 재료로 삼아 이 책을 기록하니, 슬픈 중에 기꺼움을 얻고 기꺼운 중에 슬픔을 알아 한때를 소견하려 하는 나의 욕심이며 희망이니, 이 책 보는 여러 군자는 나와 인연이 있도다.

여러 군자가 이 책을 볼 때에 기꺼워할는지 슬퍼할는지 나는 알 수 없으나, 여러 군자의 슬퍼함이 있으면 또한 여러 군자가 세상에 지나가는 역사를 지음인즉, 크고 넓은 천지와 가늘고 아득한 이치 속에서 여러 군자와 나의 사이에 한 가지 심령이 교통함을 깨달으리로다.

---

*소견(消遣) 어떠한 것에 재미를 붙여 심심하지 아니하게 세월을 보냄.

서언

　총독부에서 새로운 정치를 시행한 지 다섯 해 된 기념으로 공진회를 개최하니, 공진회는 여러 가지 신기한 물건을 벌여 놓고 모은 사람으로 하여금 구경하게 하는 것이거니와, 이 책은 소설 〈공진회〉라.

　여러 가지 기기묘묘한 사실은 책 속에 기록하여 모든 사람으로 하여금 보게 한 것이니, 총독부에서는 물산 공진회를 광화문 안 경복궁 속에 개설하였고, 나는 소설 〈공진회〉를 언문으로 이 책 속에 진술하였도다.

　물산 공진회는 돌아다니며 구경하는 것이요, 소설 〈공진회〉는 앉아서나 드러누워 보는 것이라. 물산 공진회를 구경하고 돌아와서 여관 한 등 적적한 밤과 기차 타고 심심할 적과 집에 가서 한가할 때에 이 책을 펼쳐 들고 한 대문 내려보면 피곤·근심 간데없고, 재미가 진진하여 두 대문 세 대문을 책 놓을 수 없을 만치 아무쪼록 재미있게 성대한 공진회의 여흥을 돕고자 하여 붓을 들어 기록하니, 이 때는 대정(다이쇼) 4년(1915년) 팔월이라.

천강(天江) 안국선

기생

문명이니 개화니 발달·진보니 하는 여러 가지 말이 지금 세상에 행용들 하는 의례건*의 말이라. 조선도 여러 해 동안을 문명 진보에 열심주의하여 모든 사물이 발달되어 가는 품이 날마다 다르고 달마다 다르도다. 이번 공진회를 구경한 사람은 누구든지 조선의 문명 진보가 오륙년 전에 비교하면 대단히 발달되었다고 할 터이다. 그러나 외국의 문명을 수입하여 내지의 문명을 발달케 하는 때는 제일 먼저 들어오는 것은 사치라 하는 풍속이라. 교화의 아름다운 풍속은 별로 들어오지 아니하고 사치하는 풍속은 속히 들어오나니, 외국 사람은 상등 사람이라야 파나마 모자를 쓰는 것인데 조선 사람은 하등 연소한 사람도 그것만 따르고자 하고, 외국 사람은 하이칼라를 즐겨하지 아니하는 경향이 있건마는 조선 사람은 도리어 하이칼라를 부러워하는 모양이라. 이것은 무슨 연고인가 하면, 역시 세상의 풍조를 따라 남보다 신선한 풍채를 내고 싶은 마음이 생기는 까닭이요, 남보다 신선한 풍채를 내고 싶은 까닭은 오입쟁이 풍류랑*을 좋아하는 마음이 있는 까닭에서 생기어 나는 법이라. 사나이가 고운 의복에 말쑥하게 차리고 버선등이나 맵시를 내고 다니는 것은 점잖은 사회 교제에 자기 위의를 보전하려는 마음이 아니라, 기생이나 다른 계집들에게 곱게 보이기를 위하는 마음이 있음이요, 여자가 자기 지위에 상당치 아니한 사치를 하는 것도 남의 눈에 예쁘게 보이기를 바라서 그리함인즉, 사치의 풍속은 사회 이면에 말할 수 없는 이상한 관계로 인연하여 생기는 것이라.

그 중에서도 기생이라 하는 무리가 있어서 직접·간접으로 사치의 풍속을 조장하는 일대 기관이 되었도다. 기생도 여러 종류가 있어서 예

---

* 의례건(依例件) 전례나 관례에 비추어 있어 온 일.
* 풍류랑(風流郎) 풍채가 있고 멋진 젊은 남자.

전에는 약방 기생이니 하더니, 지금은 무부기·유부기·삼패·색주가·밀매음 은근짜, 여러 무리의 계집들이 있어서 화용 월태*를 한 번 세상에 자랑하면 부랑 남자는 더 말할 것이 없고 남의 집 청년 자제들이 놀아나기를 시작하여 여러 대 내려오던 세전 기업을 일조에 탕패하는 일이 많이 있더라.

경상도 진주라 하면 조선 안의 유명한 도회처요, 진주군에는 두 가지 명산이 있으니 파리와 기생이라. 파리의 수효와 기생의 수효를 비교하면 기생 수효가 파리보다 하나 둘 더하다 하는 말이 거짓말 같은 참말이라. 닭이 천이면 봉이 한 마리 있다더니, 기생이 하도 많으니까 그 중에 절대 미인 하나가 있던 것이라.

진주성 안에 한 기생이 있으니 얼굴이 절묘하고 행동이 얌전하여 사람마다 한 번 보면 두 번 보고 싶고, 두 번 보면 껴안고 싶고, 껴안으면 집어삼키고 싶을 만치 되었는데, 어느 누가 한 번 보기를 원치 아니하는 자가 없으나, 이 기생은 무슨 까닭인지 남자의 소원을 한 번도 들은 일이 없는 고로 진주성 안 청년 남자의 경쟁거리가 되었더라.

이 기생은 성질이 다른 기생들과 다르고 언어·행동 모든 범절이 일반 기생계에 일종 특별한 광채를 빛내게 되었는데, 이름부터 다른 기생들과 같지 아니하도다. 기생의 이름은 행용 많이 산월이니 산홍이니 매월이니 도홍이니 하는 두 자 이름을 짓건마는, 이 기생의 이름은 석 자 이름인 고로 또 기생계에 보지 못하던 이름이라.

이름은 향운개라 부르는데 어찌하여 이름을 향운개라고 지었느냐고 물은즉, 처음에는 대답지 아니하더니 부득이하여 향내 나는 입을 열어 말을 하는데 말소리만 들어도 아리따운 꾀꼬리가 버들가지에서 우는 소리 같도다.

---

* 화용 월태(花容月態) 아름다운 여인의 얼굴과 맵시를 일컫는 말.

"이름이야 아무렇게 지으면 상관 있습니까? 그러나 저는 실상 그러할 수는 없지요마는, 마음으로는 춘향의 절개와 춘운의 재주와 논개의 충성을 본받기 위하여 춘향이란 향자와 춘운이라는 운자와 논개라는 개자를 가지고 향운개라 하였습니다."

이 말을 듣고 생각한즉, 춘향은 남원 기생으로 일부 종사하기 위하여 정절을 지키던 〈춘향전〉의 주인이요, 춘운은 김춘택 씨가 지은 〈구운몽〉이라 하는 책에 있는 가춘운인데, 신선도 되었다가 귀신도 되었다가 만판 재주를 부리어 양소유를 농락하던 계집이요, 논개는 진주 기생으로 예전에 어느 나라 장수가 조선을 치러 왔을 때에 촉석루*에서 놀음을 놀다가 그 장수를 껴안고 강물에 떨어져서 그 적장과 함께 죽은 충심 있는 계집이라. 그러면 이 기생은 내력을 듣지 아니하면 알 수 없으나 절개와 재주와 충심을 겸전한 계집인가?

향운개의 집 이웃집에 강씨 부인이 사는데 이십 전 과부로 다만 유복자 아들 하나가 있어 구차한 살림살이를 근근이 지내는데, 세상을 버리고 싶은 마음이 하루에도 열두 번씩 나지마는, 어린 아들을 길러낸 마음으로 그럭저럭 살아오는 터이라. 그 아들의 이름은 유만이니 향운개보다 나이가 두 살이 위가 되는 터이로되, 어려서부터 장난도 같이하고 음식도 서로 나눠 먹고 서로 자주 오락가락하며 놀다가, 향운개는 열한 살이요, 유만이는 열세 살이 되었을 때에 남녀의 교정을 알지 못하는 두 아이들이 살을 한데 대고 드러누웠다가 아이들 장난으로 남녀 교합하는 흉내를 내었더니, 그 후로는 두 아이의 정의가 더욱 깊으나 다시 놀지 못할 사유가 생겼으니, 강씨 부인이 그 아들

* **촉석루(矗石樓)** 경상 남도 진주시 본성동에 있는 누. 남강의 벼랑 위에 자리잡은 단층 팔작집의 웅장한 건물이다.

촉석루

을 교육하기 위하여 천리 원정에 서울로 올라가서 학교에 입학을 하게 하고, 강씨 부인은 방물 장사를 하면서 그 학비를 대어 주기로 하였는데, 이것도 사소한 까닭이 있어서 강씨 부인으로 하여금 이러한 결심을 하게 함이러라.

그 까닭은 무엇이냐 하면, 향운개의 어미는 추월이라 하는 퇴기로 젊어서 기생 노릇 할 때에 여러 사람의 재산도 많이 없애어 주고, 사나이의 등골도 많이 뽑던 솜씨가 아직도 남아 있어서, 그 딸 향운개의 얼굴이 절묘함을 보고 큰 보물 덩어리로 생각하여, 사오 년만 지나면 조선 천지의 재산 있는 집 자제들은 모두 후려 들일 작정인데, 향운개는 기생 노릇 하기를 싫어할 뿐 아니라, 유만이를 특별히 정 있게 굴며 상대하는 모양이 다른 아이들과 다른지라, 추월이가 하루는 향운개를 꾀어 가며 말을 물어 유만이와 향운개 사이에 그러한 사정이 있는 줄을 알고, 강씨 부인 집에를 가서 은근히 포달을 부리며 유만이는 남의 집 아이 사람 못되게 하는 놈이라고 대단 포학을 하는 것이 한두 번이 아니요, 또 강씨 부인은 가세가 빈한하여 추월의 집 의복 빨래와 침선 등을 맡아 하여 주고 살아오던 터인데 그 후로는 생명이 끊어진 것 같은지라. 강씨 부인이 살아갈 생각도 하고 유만이 교육시킬 생각도 하다가, 추월에게 그러한 불법의 창피한 꼴을 당하고 분김에 살림을 헤치고 유만이를 앞세우고 서울로 올라와서 방물 장사도 하고, 남의 집 드난도 하여 목숨을 보전하는 동시에, 유만이는 고등 학교에 입학하게 하고 돈 푼이나 생기는 대로 학비를 대어 주되 조금도 게으른 기색이 없더라.

세월이 흐르는 물결같이 달아나는 서슬에 향운개의 연광이 십오 세에 이르고 세상 물정은 문명 개화의 풍조에 따라 사치하는 풍속이 날마다 늘어 가매 사람마다 비단옷이 아니면 입지 아니하건마는, 진주성 중에 사는 김 부자는 위인이 검소하기로 짝이 없어 수백만 원 재산을 가지고도 비단옷은 한 번도 몸에 대어 보지 못하였더라. 김 부자는 여러

대를 내려오는 부자로되, 자손은 그리 대대로 귀하던지 일가 친척 하나도 없고, 자기 집에는 그 모친과 그 부인과 두 살 먹은 딸 하나뿐이요, 아들이 없이 삼십 세나 되었는 고로 그 모친과 그 부인이 항상 첩이라도 치가하여 자손을 보라고 권고하는 터이로되, 김 부자는 위인이 재산을 아끼기 위할 뿐만 아니라, 평생에 옷 잘 입고 음식 사치하고 첩 두고 호강하는 것은 친자의 숭상할 것이 아닌즉, 자손 없는 것은 한탄할 바로되 첩 두는 것을 패가의 근본이라 하여 친구 상종도 별로 많지 아니하거니와 기생이나 남의 계집은 별로 구경하지 못하였더니 하루는 심심함을 견디지 못하여 촉석루에서 논개의 제사를 지내는데 대단히 야단 법석이라는 말을 듣고 구경을 갔더라.

이 위에 말하였거니와, 논개는 예전 기생으로 충심이 갸륵하다 하여 일 년에 한 번씩 촉석루에서 남강 물을 향하여 제사를 지내는데 이 제사는 진주 기생이 모두 모여서 설비도 굉장하거니와 사람도 많이 모여들어 대단 굉장하도다. 그 중에 향운개는 원래 논개의 충심을 사모하는 터이라, 자기 집 제사는 궐할지언정 어찌 논개의 제사야 참례치 아니하리요. 수백 명 기생이며 수만 명 구경꾼이 모였는데 기생마다 사람마다 제 집에 있는 대로 궁사 극치*하여 의복도 잘들 입었거니와 맵시도 이상야릇하게 잘들 내었도다.

구경하는 모든 사나이들이 이렇게 궁사 극치의 고운 모양을 내는 연고는 사람마다 필경코 수백 명 기생에게 어여삐 보이고자 하는 마음이 있는 까닭이 아닌가. 그 중에서도 보잘것 없이 무명 의복에 아무 모양도 내지 아니한 사람은 김 부자라. 김 부자는 여러 사람의 호화한 기상과 찬란한 모양을 보고 혼자 마음으로 한탄하여 말하기를,

"세상에 이렇게 사치가 늘어 가다가는 나중에는 어찌 되려는고? 진

---

* 궁사극치(窮奢極侈) 매우 심한 사치.

주 같은 지방 풍속이 이러할 제야 서울 같은 번화한 곳이야 오죽할꼬? 참, 한심한 일이로고!"

모든 것을 비관적으로만 생각하고 이리저리 구경할 새, 어여쁘고 고운 기생을 보아도 심상하게 여기더니 한 곳에 이른즉, 어떠한 기생 하나가 다른 기생과 마주 서서 이야기하는 것을 보았도다. 모든 것을 심상히 보고 다니던 김 부자가 그 기생을 보더니 우두커니 서서 한참 동안을 정신없이 바라볼 때에 무슨 까닭인지 가슴이 울렁울렁하고 자기 몸뚱이가 그 기생에게로 부썩부썩 가까이 가는 듯하도다. 다른 이에게 수상스러이 보일까 두려워하여 고개를 돌이키고 다른 것을 보는 체하여도 눈은 자연히 그 기생에게로 가는지라. 그리할 때에 마침 아는 사람 하나가 앞으로 오거늘 김 부자가 그 사람과 두어 말 수작한 후에 저편에 있는 기생의 이름을 물어 보아 향운개라 하는 당년 십오 세의 유명한 기생인 줄도 알았으며, 가무·음률·서화의 모든 재주가 당시에 제일인 줄도 들었더라.

그 날 밤에 자기 집으로 돌아와서 잠을 이루려 한즉 향운개의 형용이 눈앞에 왕래하여 가슴만 뚝딱거리고 잠은 조금도 이룰 수 없는지라, 드러누웠다가 일어앉았다가, 일어서서 거닐다가 도로 드러누워 무슨 생각도 하다가, 도로 일어앉아서 담배도 피우다가, 다 타지 아니한 담배를 재떨이에 탁탁 떨고 도로 드러누워 혼자 마음으로,

'내가 이것이 무슨 일인가. 망측하여라. 마음이 튼튼치 못하여 이러하지. 다시는 생각지 아니하리라.'

하되 자연히 생각은 도로 향운개에게로 간다.

김 부자가 여러 시간을 혼자 공연히 번뇌하다가 나중에는 벌떡 일어나서 의관을 정제하고 대문을 나서서 사고 무인* 적적한 밤에 이 골목

---

* 사고 무인(四顧無人) 주위에 사람이 없어 쓸쓸함.

저 골목 돌아다니다가 향운개의 문을 두드리니 맞아들이는 사람은 향운개의 어미 추월이라. 추월이는 김 부자의 얼굴도 자세히 알고 그 성질도 또한 짐작이나 하는 터인데 아닌 밤중에 자기 집을 찾아온 것을 이상스러이 생각하건마는 부자에게 아첨하는 것은 세상 사람의 보통 형편이라. 추월이는 더욱 김 부자가 자기 집 대문 안에 발 한번 들여 놓은 것만 하여도 얼마쯤 영광으로 생각하는 터인 고로 우선 반가이 김 부자를 맞아들이며 한편으로 담배를 권한다, 주안을 차린다, 들어왔다 나갔다, 얼렁얼렁하며 분주 불가*한 중에도, 김 부자가 어찌하여 우리 집에를 이 밤중에 찾아왔을까 하는 의심이 가슴 속에 풀리지 아니하여 솜씨 좋은 수작을 난만히 벌여 놓으며 한편으로 눈치를 보고 한편으로 말귀를 살피는데, 김 부자가 주저주저한 모양이 저절로 나타나지마는 역시 옹졸한 사나이는 아니라 이런 말 저런 말로 추월의 말을 따라 한참 늘어놓다가,

"향운개는 어디 갔느냐? 지금 데려오너라."

한즉 추월이는 굿 들은 무당 같아서 속마음으로,

'인제 제 —— 밀 수가 나나 보다.'

하고 지급히 사람을 보내어 촉석루 논개제에서 아직 돌아오지 아니한 향운개를 불러왔더라.

김 부자는 향운개를 앞에 앉히고 술잔이나 마시며 행용하는 수작으로 한참 동안을 노닐다가 취흥이 도도한 중에 아무리 하여도 그저 갈 수는 없는지라, 향운개를 대하여,

"오늘 밤에 좋은 인연을 맺고 내일부터는 기생 영업을 그만두고 나와 백년 가약을 맺자."

하였으나, 향운개는 당초에 듣지 아니하려 하여 처음에는 좋은 말로 김

---

*분주 불가(奔走不暇) 몹시 바빠서 겨를이 없음.

부자의 소청을 거절하다가, 나중에는 불쾌한 말로 김 부자의 얼굴을 붉게 하기까지 이르렀더라.

김 부자가 할 수 없이 그 날 밤에는 향운개의 집을 사례하고 자기 집으로 돌아와서 사랑방에서 혼자 잠을 자면서 향운개와 놀던 꿈만 꾸었도다. 김 부자는 향운개와 인연을 맺지 못한 것만 한탄하고, 한편으로 분한 마음을 금할 수 없으나, 향운개를 어여쁘게 생각하는 사랑 마귀는 김 부자의 가슴 속을 떠나지 아니하더라.

그 이튿날 김 부자의 집에는 양반 상하 없이 괴상스럽게 생각하는, 별안간 생긴 일이 있으니, 다름 아니라 김 부자가 수천 원 돈을 들여 시체 비단을 필로 끊어다가 의복을 지으라 재촉이 성화 같고, 금반지 · 보석 반지 · 금테 안경 · 금시계 · 파나마 모자 · 단장, 맵시 있는 마른신까지 꾸역꾸역 사들이는 것이라. 평생에 검소하기로는 짝이 없고 세상 사람의 사치하는 풍속을 꾸짖고 비평하던 김 부자가 이렇게 의복을 장만하고 사치품을 사들이는 것은 아무라도 괴상히 생각할 수밖에 없도다. 김 부자가 이렇게 호사를 찬란히 하고 어디를 가느냐 하면 첫 출입이 향운개의 집이라. 김 부자가 향운개를 생각하는 품이 이 도령이 춘향이를 생각하는 것보다 더하면 더하였지 조금도 덜하지 아니한데, 향운개와 인연을 맺고자 하다가 뜻을 이루지 못한 후로는 혼자 생각하기를,

'내가 얼굴이 남만 못한가, 돈이 없는가? 어찌하여 제가 일개 기생으로 나의 말을 듣지 아니하뇨? 아마도 내가 의복이 추솔하여 고운 모양이 없으므로 제 눈에 들지 아니하여 그러한가?'

하고 아무쪼록 향운개의 눈에 들기 위하여 의복범절을 찬란히 하고 향운개의 집을 자주자주 찾아다니게 되었더라. 말을 하여도 총채 수작을 배워 가며, 재담은 듣는 대로 기억하여 두고 말솜씨를 이상야릇하게 지어서 한다. 혼자 다니는 것은 심심도 할 뿐 아니라 자기 혼자 수단으로

능히 향운개의 마음을 돌리기 어려울까 하여 기생 좌석에 익달한 친구 두어 사람을 데리고 다니는데 이 사람들은 모양도 썩 하이칼라요, 수작도 잘하고 노래도 잘하고 음률도 반짐작이나 하는 위인들이니, 기생집이라면 자기 집 안방으로 알고 기생을 마음대로 농락하는 사람들이라. 하루 다니고 이틀 다니고 그럭저럭 수십 일이 넘었으되 향운개의 마음은 조금도 김 부자에게 따르지 아니하는 고로 김 부자는 할 수 있는 대로 수단을 부리며 돈을 들이며 향운개를 집어삼키려 하고, 함께 다니는 여러 사람들도 김 부자를 위하여 향운개의 마음을 돌리려고 제갈량* 같은 모든 기기 묘묘한 계략을 다 부리는 터이라.

　향운개의 집에서는 그 어미 추월이가 향운개를 시시로 때리며 어르며 혹간 달래기도 하여 향운개로 하여금 김 부자의 소청을 들어 김 부자의 재산으로 호강을 하려 하니, 향운개는 사면 수적*이요, 고성 낙일*의 비참한 지경에 빠졌는데, 향운개는 일개 섬섬한 약질이요, 한 사람도 도와 줄 사람은 없고 대적은 모두 위의 당당한 출출 명장이라.

　……이 책을 기록하는 이 사람은 향운개를 위하여 불쌍한 눈물을 뿌리노니, 향운개여, 네가 어찌하여 이 지경을 당하느냐? 네가 장차 어떻게 하려느냐? 향운개여!……

　향운개는 지금 겨우 십오 세의 어린 기생이로되 숙성하기가 십칠팔 세나 되어 보이는 고로 향운개의 어미 추월이는 어서 하루바삐 부자를 많이 상관케 하여 재물을 뺏어먹을 작정인데, 향운개는 일향 청종치 아니하고 어미 추월이가 꼬이고 달래며 김 부자와 상관하라 하면 향운개는 온순한 태도로 공손히 말하되,

* 제갈량(諸葛亮)　중국 삼국 시대 촉한의 정치가(181~234).
* 사면수적(四面受敵)　사면으로 적의 공격을 받음.
* 고성 낙일(孤城落日)　원조 없이 고립된 성과 서쪽으로 기운 해. 남의 도움이 없이 고립된 상태의 비유.

제갈량

"내가 불행히 기생의 몸이 되었을지라도 절개는 지킬 수밖에 없으니, 계집이 일부 종사 못하고 이 사람 저 사람 뭇 사람을 상관하면 짐승이나 다른 것이 무엇 있사오리까. 짐승 중에도 원앙새나 제비 같은 것은 그렇지 아니하니, 사람이 되어 미물만 못하오리까. 나는 어려서 유만이와 상종이 있었으니, 유만이는 나의 남편인즉 유만이를 만나기 전에는 결코 다른 사람과 추한 관계를 맺지 아니하겠사오이다. 또 지금 법률에는 기생이라 하는 것이 재주를 팔아먹으라는 것이지 매음하라는 것은 아니온즉, 여간 재산을 욕심하여 법률을 위범하는 것은 국민의 도리가 아니오이다. 어찌 사람이 법률을 범하고 행실을 부정히 하여 금수만 못하게 된단 말씀이오니까. 기생 노릇을 하더라도 정당하게 할 것이지 뭇 사람을 상관하여 매음을 하는 것은 기생이 아니라 짐승이올시다. 나는 죽어도 어머니 말씀을 순종할 수 없어요."

향운개의 어미 추월이가 이 말을 듣더니 하도 기가 막히고 분하여 열 길 스무 길 반자가 뚫어지도록 날뛴다.

"잘났다, 잘났다. 우리 집안에 정절 부인 났고나. 이년, 정절이 다 무엇 말라죽은 것이냐? 정절, 정절! 이년, 네 어미는 뭇 서방질을 하여 너를 낳았으니 네 어미도 기생 노릇을 아니하고 짐승 노릇을 하였다는 말이로구나. 이년, 유만이하고 상관이 있었다고? 계집아이년이 남부끄럽지도 아니하여 그런 말을 하느냐? 여남은 살 먹은 어린것들이 철모르고 장난한 것이지, 상관이 다 무엇이냐? 이년아! 두 살 먹어 같이 잤어도 서방이라고 정절을 지킬 터이냐? 네가 나이 어려서 철을 몰라도 분수가 있지, 유만이 그까짓 가난뱅이 빌어먹는 놈이 네 서방이란 말이냐? 요년, 굶어죽기 똑 알맞다. 이년, 네가 아무리 하여 보아라. 내 솜씨에 내 말 아니 듣고 견디어 내나? 요년, 법률은 어디서 그렇게 똑똑히 배웠느냐? 이년, 법률을 그렇게 자세히 아니 변호사가 되겠구나. 이년아, 변호사는 목구멍을 팔아먹고 기생은 그 구멍을 팔아먹는다는 말을 듣지도 못하였느냐?"

입으로는 소리를 지르고 손으로는 방망이를 가지고 사정없이 때리며 금방 향운개를 죽일 것같이 날뛰는데, 향운개는 조금도 원망하는 기색도 없고 두려워하는 기색도 없고, 다만 죽으면 죽었지 그러한 행위는 아니할 터이야, 하는 기색이 자연히 그 얼굴에 나타나더라.

추월이는 날마다 날마다, 하루에도 열두 번씩 향운개를 들볶는데 향운개는 혼자 생각하기를,

'내가 아무리 철모르고 어려서 유만이와 그리 하였을지라도 그것은
잊히지 아니하니 다른 남편은 세상 없어도 얻지 아니하리라.'

하고 어미가 야단을 칠수록 향운개의 결심은 더욱 단단하여지는지라, 김 부자의 마음은 더욱 간절하고 어미의 욕심은 더욱 불 같아서, 향운개를 에워싸고 만반 수단을 다 부리고 일천 가지 꾀를 다 써 보아도 향운개의 마음은 항복받지 못하였는지라. 김 부자는 추월이와 여러 사람들과 의논을 정하고 이제는 할 수 없이 배성 일전에 단병 접전으로 돌관할 방침을 작정하였더라.

하루는 어미 추월이가 향운개를 대하여 말하기를,

"너는 그 전부터 기생 노릇 하기를 싫어하기에 오늘부터는 기생 영업을 폐지하게 되었으니 그리 알아라. 경찰서에 기생 영업 폐지 신고도 다하여 놓았고 기생 조합에 이름도 뺐었다."

향운개는 벌써 추월의 눈치도 짐작하였으며, 김 부자의 음흉한 계략인 줄로 심량*하였더라.

하루는 낯 모르는 사람 수삼 인이 향운개의 집을 찾아와서 술도 먹고 노닥거리더니 그 중에 한 사람이 저희끼리 하는 말이,

"내가 서울 갔다가 작일에 내려왔는데 서울서 불쌍한 일을 보았거

＊심량(深量) 깊이 헤아림.

니."

또 한 사람이 무슨 일이냐 물은즉,

"유만이라는 진주 학생이 학교의 공부도 잘하고 사람도 착실하여 사람마다 칭찬이 대단하더니, 그 아이가 일전에 괴질 같은 급병으로 죽었는데, 유만이의 어미가 울고 돌아다니는 꼴은 불쌍하기가 이를 데 없어……."

저희들끼리 서로 주거니 받거니 하는 이야기로되 자연 향운개의 귀에도 들릴 만치 하는 말이라.

그 후 수십 일이 지난 후에 향운개는 김 부자의 집으로 들어가게 되었는데, 이것은 향운개의 마음이 아니라 김 부자와 향운개의 어미 추월이가 언약을 정하고 경찰서에 대하여 향운개가 김 부자의 첩으로 들어가는 입가 신고를 하여 놓고 부지 불각에 향운개를 김 부자의 집으로 데려갔더라.

향운개는 아무 말 없이 김 부자의 집에서 거처하게 되었는데 향운개는 김 부자더러 말하기를,

"나는 유만이를 남편으로 알았더니 유만이가 죽었다 하온즉 석 달만 유만의 복을 입을 터이니 그 동안만 참아 주시면 그 후는 영감의 말씀대로 하오리다."

하였더니, 김 부자는 향운개의 소청을 의지하여 아직 몇 달은 향운개와 동침하지 아니하기로 되었는지라, 김 부자의 집에서는 남녀 노소 없이 향운개를 수직하기를 감옥서에 갇힌 죄인 간수하는 것과 일반이라.

김 부자 집에 침모로 있는 김씨라 하는 젊은 부인이 있는데, 당년 이십오 세의 청춘 과부라. 얼굴이 어여쁘지는 아니하나 위인은 단정하고 침선 범절*이 능란한 계집이라, 자연 향운개와 통사정할 만치 가까워졌

---

* **침선 범절**(針線凡節) 바느질과 예절.

더라.

하루는 향운개가 침모더러 수작을 한다.

향운개 "침모는 청춘에 과부가 되었으나 개가하지 아니하고 정절을 지키니 참 장한 일이오."

침모 "나는 남편을 얻고 싶지마는 마음에 맞는 사나이를 아직 만나지 못하였어."

향운개 "그러면 이 집 주인 영감의 별당 마마가 되었으면 어떠하겠소?"

침모의 얼굴은 붉어지며 남부끄러워하는 기색이 나타난다.

침모 "그렇지 아니하여도 내가 이 댁에 침모로 들어온 것은 당초에 이 댁 노마님이 주인 영감의 첩을 삼아 자손을 보려고 데려온 것인데, 주인 영감이 첩은 당초에 아니 둔다고 떼치는 까닭으로 첩이 되지 못하고 침모가 되었어요."

향운개 "그러면 내 말대로만 꼭 하면 주인 영감의 별실 마마가 될 터이니 그리하여 보겠소?"

침모 "어떻게 하라는 말씀이오?"

향운개가 침모의 귀에다 입을 대고 무슨 말을 한참 수군수군 하더니 침모는 고개를 끄떡끄떡 하며 하는 말이,

침모 "그런 일은 잘할 사람이 하나 있으니 염려 마시오."

그 해는 그럭저럭 다 넘어가고 그 이듬해 이월이 되었는데, 김 부자는 하루바삐 향운개의 향기 나는 이불을 함께 덮고 잠을 자고 싶어서 애를 부등부등 쓰건마는, 향운개의 마음을 사기 위하여 향운개의 소청대로 지금까지 참아 오던 터이라. 향운개의 소청한 기한도 얼마 멀지 아니하였는데, 그 달 초파일은 김 부자의 부친 제삿날이라. 부잣집 제사라 굉장하게 제사를 성설하는데 집안 사람은 모두 제사 차리기에 분주하건마는, 향운개는 수일 전부터 병이 나서 제사 차리는 데 조금도

내어다보지 아니하고 별당에 드러누워 한숨만 쉬고 있다. 김 부자가 제사를 다 지내고 제물을 철상하려 하는 즈음에 어떤 사람이 바깥으로부터 안마당에 썩 들어서며 김 부자를 청하여, 제물을 철상하기 전에 급히 할 말씀이 있다 하거늘, 김 부자가 내려다본즉 풍신 좋은 백발 노인이라. 의복은 이슬밭에 쏘다니던 사람같이 휘지르고 손바닥에는 생률 친 밤 한 개와 잣 박은 대추 한 개를 가졌더라. 김 부자가 괴상한 늙은

이라 생각하고 묻는 말이,

"누구시며 무슨 일로 오셨소?"

그 노인이 김 부자더러 잠깐 이리 내려오라 하여 자세히 말을 하는데,

"내가 지금 남강에서 오늘 제사 잡수시는 댁 부친의 혼령을 만났소. 댁 부친의 혼령이 나를 보고 하는 말이…… '우리 집이 여러 대를 내려오던 부자인데 내 아들 대에 와서 부자가 결딴나고 집안에 큰 화란이 장차 이르겠으니, 내가 오늘 제사도 잘 먹지 못하고 그 앙화를 면하게 하여 주고 싶지마는, 유명이 달라 말할 수가 없으니 당신이 내 아들을 가서 보고 말씀하여 주시오. 가서 말을 하더라도 내 아들이 믿지 아니하기 쉬우니 이것을 가지고 가서 증거를 삼으시오……' 하고 이 밤 한 개와 대추 한 개를 내 손에다 얹어 주신 것이니, 우선 이 밤·대추를 가지고 젯상에 진설한 제물을 살펴보시오. 부탁하신 말씀과 전후 사정은 추후로 알게 하리라."

김 부자가 그 노인이 주는 밤과 대추를 가지고 젯상 앞으로 올라가서 밤 접시와 대추 접시를 살펴본즉, 과연 중간에 한 개씩 빼어 낸 자리가 있고, 밤·대추가 다른 밤·대추도 아니요, 정녕히 그 접시에서 빼내인 밤·대추라. 빼어 낸 구멍으로 들여다본즉, 밤·대추 고이느라고 동그랗게 베어서 켜켜이 깔아 놓은 백지 종이에 무슨 글씨가 있는 듯하거늘, 밤 접시를 내려다가 밤을 쏟고 그 종이를 들고 본즉 글이 있는데 하였으되,

"김가 성을 취하여 아들을 낳으면 대대 영광이 문호를 빛내리라."

또 대추 접시를 내려다가 대추를 쏟고 종이를 본즉 거기도 글이 있는데 하였으되,

"향운개는 전생에 너와 동복이니 취하면 앙화 있으리라."

김 부자는 사물에 자상한 사람이라 글씨를 자세히 살펴본즉 먹으로

쓴 것도 아니요, 붓으로 쓴 것도 아니요, 글자 체격도 이상하여 아무리 보아도 세상 사람의 글씨는 아닌 듯하다. 돌아서서 그 노인을 찾으니 그 노인은 벌써 간 곳이 없고, 그 노인 섰던 자리에는 자기 부친 생전에 쓰던 벼룻돌이 있는데, 먹을 간 형적이 마르지 아니하였다.

김 부자는 원래 효성이 지극한 사람이라 부친 생전에 한 번도 그 부친의 명령을 어긴 일이 없다고 자랑하던 터인데 이번에 이러한 희한한 일을 당하여 어찌 믿지 아니하리요. 당장에 별당으로 가서 향운개를 보고 이왕에 잘못한 일을 사과하는 동시에 남매지의를 맺고, 이튿날 즉시 경찰서에 가서 신고서를 빼고 수일 후에 향운개의 권고를 의지하여 침모를 김 부자의 별실로 정하게 되었으니, 이것은 향운개가 침모 김씨의 영리한 행동과 주인의 별실 되기를 원하는 마음이 있는 것을 인하여 전후사를 꾸미고 자기 몸을 빼어 감이러라.

향운개는 호랑이의 아가리를 벗어났으나, 이 다음에 다시 다른 호랑이 아가리에 또 들어갈는지 알지 못하는 근심이 있는 고로 마음을 결정하고 멀리 일본 동경으로 건너가서 고생도 무수히 하다가 반연을 얻어 적십자사 병원의 간호부가 되었더라.

때는 마침 구라파(유럽)에 큰 전쟁이 일어나 덕국(독일)과 오국(오스트리아) 두 나라가 영국·법국(프랑스)·아라사(러시아)에 대하여 선전을 포고하고 싸움을 시작하니, 일본은 영국과 동맹지국이라 일본도 역시 전쟁에 참예하여 덕국과 싸우게 되었는데, 일본의 막막 강병이 청도를 에워싸고 덕국 군사와 죽기를 결단할 때에, 부상한 군사와 병든 군사를 구호하기 위하여 적십자사 병원이 청도 공위군 있는 땅에 설치되고, 간호부도 많이 가게 되었는데, 향운개도 역시 자원하여 전지에 향하였도다.

강씨 부인이 그 아들 유만이를 교육하기 위하여 비상한 곤란을 무릅쓰고 천하고 힘드는 일을 모두 하여 가며 학비를 대어 준 공덕이 적지 아니하여 학교를 우등으로 졸업하였으나, 그 학교 졸업하기 전에 강씨 부인이 병이 들어 수삭을 꼼짝 못하는 동안에 학비를 댈 수가 없는 고로 학교 교장이 그 사정을 짐작하고, 또 유만의 위인이 똑똑하고 근실함을 가상히 여기던 터에 유만의 졸업 기한도 얼마 남지 아니하였으므로, 학교에 드는 비용은 자기가 대어 주기로 하고 식사와 의복은 교장의 친구 이등 대좌에게 의탁하게 되었는데, 이등 대좌가 유만이를 자기 집에 두고 지내본즉 마음에 대단히 합당하여 학교를 졸업한 뒤에 동경으로 보내어 공부를 시킬 작정이었으나, 유만이가 그 혼자 사는 모친을 멀리 떠나지 못하겠다는 사정을 인연하여 졸업한 뒤에도 아직 자기 집에 두었더니, 유만이가 낮에는 이등 대좌의 집에 있어 심부름도 근실히 하고 집안 일도 보살펴 주며 밤이면 야학을 근실히 하여 청국 말을 배웠더라.

그 후에 이등 대좌는 동경 참모 본부로 이직이 되었다가 청도 공위군의 사령관이 되었는데 유만이가 청국 말을 능란히 하게 됨을 생각하고 불러들여 통변으로 데리고 함께 전지로 가서, 유만이는 항상 사령부 안에 있어서 청국 사람과 관계되는 일에 대하여는 혼자 통변하는 노무를 가지게 되었더라.

그 때 향운개는 적십자사 병원에서 모든 간호부보다 출중하게 간호 사무를 보는데, 이왕 사오 년 동안을 동경에서 있었던 고로 언어·행동이 조금도 내지(일본) 여자와 다름이 없고 이름조차 내지인의 성명과 같이 부르게 되었으니, 글자로 쓰면 향운개자(香雲介子)라 쓰고 다른 사람들이 부르기는 '가구모상(香雲樣)', 혹은 '오스케상(御介樣)'이라 부르더라.

수만 명 군대 중에 향운개자의 이름이 사람의 입으로 오르내리니, 첫째는 얼굴이 절묘하여 절대 미인이라 하는 말이요, 둘째는 향운개자가 사무에 능란하고 기운차게 일을 잘하며 부상한 병정을 간호하는 데 제일 친절하다는 말이라. 병든 군사가 한 번만 향운개자의 간호함을 받으면 병이 곧 낫는 듯하고, 총 맞은 상처에도 향운개자의 손을 대면 아프지 아니한 듯하므로 향운개자의 손으로 여러 천 명 군사를 살려 낸 터이라.

청도 함락은 금일 명일 하는데 덕국 군사는 독 안에 든 쥐와 같이 철통같이 에워싸인 중에도 대포를 놓는다, 총을 놓는다, 비행기를 타고 공중에 올라가서 폭발탄을 던진다 하여 마음놓을 수는 없는 터이라.

하루는 밤중에 별안간 벽력 소리가 나면서 사령부 근처에 폭발탄이 떨어져 여러 사람이 중상하였다 하더니, 상한 사람을 병원으로 메어 온다. 메어 온 사람 중에 조선 사람 하나가 있으니 성은 최가요 이름은 유만이라.

향운개자는 분주 불가하여 정신없이 돌아다니며 치료에 종사하다가 조선 사람이라 하는 말을 듣고 더욱 반가워서 정성껏 간호하다가 성명 쓴 종이를 본즉 최유만이라 하였거늘, 얼굴빛이 파래지며 일신이 떨리고 정신이 아득하여 그 자리에 엎드러졌다.

최유만이 죽었는지 살았는지 기색하여 아직 피어나지 못한 사람이라. 향운개자는 한참 지난 후에 정신을 차려 일어나서 최유만의 얼굴을 들여다본즉 이별한 후 근 십 년이 되었는 고로 진가를 알 수 없으나, 비슷하다 하는 관념은 가슴 속에 품어 있어 극진 정성으로 간호하더라.

공진회 구경 마당에서 외따로 떨어진 나무 그늘 밑에 다수한 사람들이 모여 서서,

"참 반갑구나, 이 문둥아. 그 동안 어디 갔던고!"

하고 떠드는 사람들이 진주에서 올라온 늙은 기생 젊은 기생들이요, 그 인사를 받는 사람은 향운개와 강씨 부인과 최유만이라.

인력거꾼

해는 거의 서산에 넘어가고 겨울 바람은 냉랭하여 남의 집 행랑채에 세를 들어, 하루 벌어 하루 먹는 노동자의 여편네가 쌀은 없고 나무 없어 구구한 살림살이 애만 부등부등 쓰는 이 때에, 새문 밖 냉동 좁은 골목 막다른 집 행랑 한 칸 방에 턱을 고이고 수심 중에 앉아서 혼자말로 한탄하는 여편네가 있으니, 그 남편은 병문 친구들이 부르기를 김 서방이라 하고, 김 서방은 본시 양반의 자식으로 가세가 타락하여 할 수 없이 남의 집 행랑채를 얻어 들고 병문에 나가서 지게벌이도 하며, 남의 심부름도 하여, 하루 벌어다가 겨우 연명하는 터인데, 김 서방의 위인이 술을 좋아하여 하루라도 술을 못 먹으면 병이 되는 듯하다. 술만 먹으면 한두 잔은 평생 먹어 본 일이 없고 소불하* 수십 잔이나 먹어야 겨우 갈증이나 면하는 모양이라. 그러하므로 매일 장취 술만 먹고 살림을 돌보지 아니하는도다. 사나이가 살림을 돌보지 아니하면 그 여편네는 물을 것 없이 고생하는 법이라.

김 서방의 아내는 일구 월심 속이 타고 마음이 상하여 하루 몇 번 죽을 마음도 먹어 보았으며, 도망하여 다른 서방을 얻어 살 생각도 하여 보았지마는, 오늘 이 때까지 있는 것은 그 본심이 상스럽지 아니하고 얼마쯤 장래의 희망을 가지고 있는 터이라.

이 날도 김 서방의 아내는 쓸쓸한 방 안에 혼자 앉아서 배가 고파도 밥 지을 양식이 없고, 방이 추워도 불 땔 나무가 없이 바느질만 종일 하다가 이따금 두 손을 입에 대고 호호 불며 발가락을 꼼작꼼작 꼼작이며 한숨만 쉬고 들창에 비치는 햇빛만 바라보더니 혼자말로,

"애고, 벌써 해가 다 갔네. 저녁밥을 어떻게 하나……. 오늘은 얼마나

---

* 소불하(少不下) 적게 잡아도.

술을 자시기에 이때껏 아니 들어오시노……?"

이 때에 문을 박차고 들어오는 사람은 김 서방이라. 날마다 보는 모양이라, 대단히 취한 술냄새와 방 문턱을 못 넘어서고 드러눕는 그 거동을 그 여편네는 별로 이상히도 생각하지 아니하고 하는 말이,

"그런데 쌀도 조금 아니 팔아 가지고 들어왔으니 저녁은 어떻게 하라오?"

"아! 쌀이 조금도 없나, 응? 나는 밥 생각이 없어."

그 여편네는 아무 말 없이 돌아앉아서 눈물이 그렁그렁.

김 서방의 아내는 얼굴이 동그스름하고 미목이 청수한 중에 과히 어여쁘지는 못하나, 성품이 순직하고 태도가 안존하여 아무가 보아도 밉지 아니하다. 스물두 살이나 세 살쯤 되었는데 모양은 조금도 내지 아니하고 생긴 본바탕대로 그대로 있어 어디인지 귀인성스러운 자태가 드러난다. 김 서방은 술기운에 걱정 없이 드러누워 씨익씨익 잠을 자는데 그 아내는 혼자 앉아서 등불만 보고 정신없이 무슨 생각을 하고 이따금 한숨도 쉬며 세상이 귀치 않게 생각되는 모양이라.

'제에길할 것, 내버리고 달아나서 좋은 남편 만나 가지고 살아 볼까. 어디 가기로 이렇게야 고생할라구? 아니 아니, 그렇지도 못하지. 귀밑머리 맞풀고 만난 남편을 어떻게 내버리고 어디를 가나……. 고생을 하면서도 잘 공경하고 살아가면 자기도 지각이 날 때가 있겠지. 종시 이러하거든 죽어 버리지.'

저녁밥도 못 먹고 곤한 몸이 밤 깊도록 앉아서 한숨으로 그 밤을 보내다가 드러누워 잠을 자려 한즉, 이런 생각 저런 생각, 눈이 더욱 말똥말똥, 잠커녕 아무것도 아니 온다. 불도 끄지 아니하고 혼자 고생고생할 때에 씩씩거리고 잠을 자던 그 남편이 벌떡 일어앉으며,

"아이고 목말라라. 물 좀 주어, 물 좀."

추위가 이를 데 없는 그 밤에 문을 열고 나가서 물을 떠다 주니 끌덕

끌덕 한 대접 물을 다 먹고 한참 드러누웠더니 하는 말이,

"여보게, 자네 저녁밥 먹었나?"

그 아내는 아무 대답도 아니하고 고개를 푹 숙이고 눈물만 그렁그렁하다.

"응, 못 먹은 것이로고. 아, 내가 잘못하였지. 그놈의 술집이 웬수야."

이 때에 그 아내가 무엇을 감동하였는지 정색하고 돌아앉아 그 남편을 보고 하는 말이,

"여보시오, 술집이 무슨 웬수요? 당신이 오늘 나와 약조를 합시다. 우리가 일생을 이대로 지낸단 말이오? 평생을 이렇게 가난하게만 고생으로 살 것 같으면 차라리 지금 죽어 버립시다. 당신도 사람이요, 나도 사람이지. 아까 집주인이 방 내놓고 어디로 나가라고 사설하던 일과, 일수 놓은 오 생원이 돈 내라고 구박하던 일과, 쌀 가게의 외상 쌀값 스무 냥 내라고 욕설하던 일을 생각하면 저녁거리가 있은들 밥이 어찌 목구멍으로 넘어간단 말이오? 당신이 내 말을 들으시지 못할 것 같으면 나는 오늘 밤이나 내일 아침에 자결하여 죽겠소."

말을 그치고 앉았는 모양이 엄숙하고 무섭도다. 김 서방은 아내의 정당한 말에 할 말이 없어서 일어앉아서 팔짱을 끼고 고개를 숙이고 잠잠히 있는데 그 아내는 다시 말하기를,

"우리 집안이 그전에는 그렇지 아니하던 집으로 오늘날은 떨어져서 이 지경이 되었으니 어떻게 하든지 돈을 모아 집을 성가하여 남부럽지 아니하게 살아 보아야 할 것 아니오. 또 삼촌이 잘살면서 자기 조카를 구박하여 죽이려 하고, 나중에는 내어쫓은 일을 생각하면 우리가 이를 갈고 천하고 힘드는 일이라도 아무쪼록 벌이하여 돈을 모아 분풀이를 하여야 할 것 아니오니까. 그까짓 술 좀 아니 자시면 어떠하오? 내가 무슨 저녁밥을 좀 못 먹어서 분하겠소……?"

말을 다하지 못하여 목이 메어 눈에는 눈물이 핑 돈다. 한참 동안을 두 내외가 아무 말도 없이 앉았더니, 김 서방이 천진스럽게 하는 말이,

　"자네 말을 들으면 그러한데, 아, 술집 앞으로 지나면 술 냄새가 자꾸 나를 잡아당기는 것을 어떻게 하여?"

　그 아내가 이 말을 듣더니 눈물은 어디 가고 빙긋 웃는다.

　"여보, 당신이 집안일을 생각하면 술 냄새가 비상 냄새 같을 것이오. 시아버님이 약주를 과히 잡수시다가 끝에는 술 취하여 깊은 개천에 떨어져서 골병 들어 돌아가시고, 요부하던 재산이 다 술로 하여 없어 졌으니, 술이 당신에게는 비상이오. 그러한즉 여보, 내가 아까 당신 과 약조합시다 한 것은 당신이 삼 년 동안만 술을 끊고 부지런히 벌 이하여 봅시다 하는 말이오. 세상에 술 아니 먹고 부지런하면 못 살 이치가 어디 있겠소? 당신이 만일 못하겠다 하면 나는 죽을라오."

　김 서방이 머리를 득득 긁더니 손톱에 끼인 시커먼 머리때를 엄지손 톱으로 바람벽에다가 탁탁 튀기면서,

　"어디 그렇게 하여 볼까? 그래, 술 아니 먹으면 부자 될까?"

　아내가 허허 웃으며,

　"술 아니 먹는다구 부자 될 리가 있겠소? 술을 끊고도 부지런하여야 지. 자, 그러면 밝는 날에는 인력거 한 채 세내 가지고 인력거를 끌어 서 하루 스무 냥을 벌든지 쉰 냥을 벌든지 나한테만 맡기시오. 나도 바느질도 하고 남의 집 일도 하여 다만 한 푼씩이라도 돈을 모으고 살 터이니."

　김 서방이 가만히 생각하더니 별안간 하는 말이,

　"그러세! 제길, 술 먹으면 개자식일세."

　(이 책을 기록하는 이 사람이 김 서방 부인에게 감사할 말 한 마디가 있도 다. 이 책 보는 세상의 모든 군자들이여, 김 서방 부인의 '술 끊고도 부지런 하여야지' 하는 말 한 구절을 기억할지어다. 이것이 치부의 비결인가 하노

라.)

김 서방 내외의 이론이 일치하여 장래에 부자되고 잘살 이야기로 그
럭저럭 밤을 새우고 날이 밝으매 그 아내가 머리에 꽂은 귀이개를 빼어
가지고 전당포에 가서 돈푼이나 얻어 가지고 구멍가게에서 파는 쌀 서
너 움큼을 팔아다가 부엌 구석의 검불을 닥닥 긁어 밥을 지어 먹은 후
에 김 서방은 인력거 세 얻으러 나간다.

술집 앞을 지나면 억지로 고개를 외로 두고 술집을 아니 보려 하지마
는, 고개만 외로 틀었지 눈은 저절로 술집으로 간다. 이 때에 어떠한 사
람이 술집에서,

"한 잔 더 부오!"

하는 소리가 나며 술 냄새가 김 서방의 코를 찌르니 김 서방이 깜짝 놀
라며 두 손으로 코를 싸쥐고 달음박질하면서 하는 말이,

"아이고 비상 냄새야!"

종일 헤매다가 해질 머리에야 겨우 인력거 한 채를 세 얻어 가지고
돌아오니, 그 아내는 벌써 저녁밥을 지어 놓고 기다리거늘, 두 내외가
저녁밥을 먹은 후에 지난 밤에 조금도 잠을 자지 못한 까닭으로 졸음이
와서 못 견디어 어둡기 전부터 잠을 잔다. 김 서방이 하는 말이,

"여보게, 나는 늦도록 잠자기 쉬우니 내일 새벽에 어둑한 때에 나를
깨우게. 종현 뾰죽집의 종 칠 때에 곧 깨우게. 새벽부터 일찍이 나가
서 벌어야지."

그 여편네는 그 남편이 술 끊고 이렇게 부지런한 마음이 생긴 것만
좋아서 그러하마고 허락하고, 두 내외가 전보다 유별나게 정 있어 드러
누워 장래에 부자 될 꿈이나 꾸었는지.

종현 뾰죽집 종소리가 새문 밖 김 서방의 마누라의 꿈을 깨워 잠든
귀를 떵떵 울리니, 김 서방의 아내가 잠결에 깜짝 놀라 일어앉아 불을

켜고 그 남편을 깨운다.

"여보, 일어나오, 지금 종 쳤소. 창이 환하게 밝았나 보오. 예, 어서 일어나오."

곤하게 잠을 자던 김 서방이 벌떡 일어나며 혼자말로 하는 말이,

"잠든 지가 얼마 아니되는 듯한데 벌써 밤이 새었나? 아이고 졸려."

그 아내가 물을 데워서 찬밥과 함께 소반에 받쳐다가 김 서방의 앞에 놓으니 물만 조금 마시고 수건으로 귀를 싸매고 인력거를 끌고 나간다.

설상에 부는 바람은 몸이 떠나갈 것 같고 노변에 깔린 얼음은 발목이 빠질 듯하다. 추위가 하도 지독하고 바람이 하도 몹시 불어 지나다니는 사람 하나도 없고 천지가 쓸쓸한데, 김 서방은 인력거 채를 가슴 위에 얹고 큰 거리에 나가서 인력거 주차장에 인력거를 놓고 두루마기로 몸을 싸고 앉았으니 밤은 밝지 아니하고 점점 어두워 간다. 김 서방은 혼자말로 중얼거린다.

"일기가 하도 지독히 추워서 지나다니는 사람이 없으니까 다른 동무들은 그저들 아니 나오나? 이것이 웬일인고? 아무리 보아도 새벽 같지 아니하고 초저녁 같으니 웬일인고? 인력거 탈 손님은 오든지 말든지 밤이나 어서 밝아야 할 터인데. 천지가 조용한데 나 혼자 여기서 이게 무슨 청승인가, 내가 도깨비한테 홀리었나? 종 쳤다고 한 지가 벌써 두 시간이나 지내었을 요량인데, 여태 밝지 아니하니 아마도 마누라가 다른 소리를 종 치는 소리로 알고 깨운 것이나 아닌가? 이 제밀, 졸리기는 퍽도 졸리네. 눈을 뜰 수가 없이 졸리네, 어찌된 셈이야? 내가 아무리 하여도 무엇에게 홀린 것이로고……. 이렇게 졸린 것 보았나, 여기서 잠을 잤다가는 강시*할걸……. 눈을 집어서 얼굴을 씻으면 잠이 달아나겠지."

＊강시 얼어 죽은 송장.

이렇게 혼자 구성구성하면서 그 옆의 언덕 위로 올라가서 길가로 쌓인 눈을 한 주먹 집어서 얼굴을 씻으려 하더니 무엇에 놀랐는지 깜짝 놀라며 머리끝이 쭈뼛하여진다.

이 때 그 아내는 남편이 나간 후로, 저렇게 바람이 불고 저렇게 추운데 남편을 내어 보내고 마음이 미안하여 잠도 아니 자고 앉았는데 오래지 아니하여 밝으려니 하고 밝기만 기다리되 도무지 아니 밝는도다. 가만히 생각한즉 잠든 지가 얼마 아니되었는데 뾰죽집의 종소리는 정녕히 들었는지라, 초저녁 일곱 시 반에 치는 종소리를 잠결에 듣고 새벽인 줄 알고 그 남편을 깨워 보내었도다.

다른 날 같으면 초저녁 이 때 즈음에 사람들이 많이 지내어다닐 터이지마는, 이 날은 풍세가 대단하고 추위가 지독하여 길에 다니는 사람이 하나도 없다.

그 아내는 자기 남편을 잠도 못 자게 공연히 깨워 보내서 추운데 떨고 있을 생각을 하고 더욱 마음에 미안하여 도로 들어오기만 기다린다.

별안간 문을 두드리는 소리가 야단스럽게 나면서 무엇에게 쫓겨 오는 사람같이 문 열라는 소리가 연거푸 숨차게 난다. 나가서 문을 열어 주니 김 서방이 인력거는 문 앞에 내던지고 뛰어 들어와 신발도 벗지 아니하고 방으로 들어가서 헐레벌떡거리며 숨이 차서 말도 못하거늘, 그 아내는 눈이 휘둥그레져서,

아내 "아, 이게 웬일이오? 글쎄 왜 이러하오?"

김 서방 "여보게, 문 열 때에 내 뒤에 아무도 쫓아오지 아니하던가?"

아내 "쫓아오기는 누가 쫓아와요?"

김 서방 "아이고 숨차. 정녕히 아무도 아니 쫓아오던가?"

아내 "쫓아오는 사람 없어요."

김 서방 "누가 내 뒤를 쫓아오는 듯하던데?"

아내 "아, 그래서 이렇게 야단이오? 신발이나 좀 벗으시오."

김 서방 "아니여, 이것 보아. 내가 하도 졸리기에 길 옆에 쌓인 눈을 집어서 얼굴을 씻으려 한즉 눈 속에서 이것이 집혀서 깜짝 놀랐어."

아내 "그것이 무엇이오?"

김 서방 "문 단단히 잠갔나? 누가 들어오리. 인제는 우리 부자 되었네."

아내 "글쎄, 문은 단단히 걸었소. 그것이 무엇이라는 말이오?"

김 서방 "이것이 지전 뭉치여. 얼마나 되는가 좀 세어 보아야."

이상스러운 색보자기에 똘똘 뭉쳐 싸고 또 그 속에는 신문지로 한 겹을 쌌는데, 십 원짜리, 오 원짜리, 일 원짜리 지전과 오십 전, 이십 전 은전이라.

김 서방이 지폐를 들고 세어 보려 하나 손이 떨려서 세지를 못하고 지폐를 들고 성주대를 내리는 모양이라. 그 아내가 물끄러미 보고 있다가,

"이리 주시오. 내가 세리다."

하고 십 원 지폐 이백 장, 오 원 지폐 삼백 장, 일 원 지폐 오백 장, 은전 삼십이 원 오십 전, 모두 사천삼십이 원 오십 전이오.

김 서방이 사천 원을 당오풀이로 풀어 보더니,

"이십만 냥일세그랴! 단 만 냥 하나를 손에 만져 보지 못하였는데 이십만 냥, 참 엄청나다. 여보게 마누라, 이것 가졌으면 자네도 고운 옷 좀 하여 입고 나도 술 좀 먹고 그리하고도 넉넉히 살겠지?"

그 아내가 한참 생각하고 아무 말도 없다가 그 남편의 얼굴을 물끄러미 보더니 하는 말이,

아내 "여보, 그 돈을 그대로 쓰시려오? 이 돈을 잃어버린 사람은 오죽 원통하여 하겠소?"

김 서방 "별 제 —— 밀 붙을 소리를 다 하네. 내 복으로 내가 얻은 돈인데 그럼 아니 쓰고 무엇하여?"

그 아내가 감히 남편의 말에 항거하지는 못하고 한참 동안을 잠잠히 앉았더니,

"여보, 지지난 밤에도 한숨 못 자고, 오늘 밤에도 잠을 못 자서 졸리어 죽겠으니, 이 돈은 내게 맡기고 편히 잡시다."

이틀 밤이나 잠을 못 자서 곤한 김 서방이 꿈결같이 지전 뭉치를 얻어서 어찌 좋은지 잠잘 생각도 없지마는, 그 돈을 아내에게 맡기고 이불을 쓰고 드러누워 눈을 감고 내일부터 돈 쓸 생각에 그 밤을 다 보내고 다 밝기에 잠을 들어 오정 때까지나 정신 모르고 잠을 자다가, 이웃집 어린아이들 장난하다가 싸우고 우는 소리에 깜짝 놀라 잠을 깨어 벌떡 일어나서 세수도 아니하고 곰방대에 담배 담아 왜성냥에 피워 물고 그 근처에 사는 친구들을 경사나 있는 듯이 청하여 가지고 술집으로 들어가서 모두 술을 먹이고 저도 취하도록 먹을 때에 술집 주인이 술값이나 못 받을까 염려하여 술을 잘 아니 주려고 한즉 김 서방의 하는 말이,

"구차한 사람은 일상 구차한 줄 아는가? 이따 우리 집으로 오면 전후 술값 다 셈하여 줄 터이니 걱정 말고 술 부으라니."

곰방대 든 왼손으로 바른팔의 토시를 어깨까지 치키면서 고성 대담으로 의기 양양하여 예전 모양과 딴판이라. 눈이 게슴츠레하여 하늘인지 땅인지 분별하지 못하도록 잔뜩 취케 먹은 후에 길을 휩쓸고, 갈지자 걸음이라더니, 이것은 강남 갈지자 걸음으로 간신히 집에 와서 방에도 미처 못 들어가고 문지방에 걸쳐 누워 정신없이 잠들었다.

그 아내가 간신히 끌어다가 아랫목에 뉘었더니 해가 저물어도 깨지 아니하고 밤이 깊어도 깨지 아니하고, 그 이튿날 늦은 아침 때 비로소 일어나서 얼굴 씻고 밥을 먹고 가만히 생각하니 어젯일이 맹랑하다. 돈 얻은 일과 술 먹은 일만 생각이 나고 그 외에는 며칠이나 잠을 잤는지 술 먹고 어떻게 집으로 돌아왔는지, 전혀 알 수 없도다. 그 아내더러 묻는 말이,

"여보게, 내가 며칠이나 잠을 잤나? 어떻게 잠을 잤는지 정신이 하나도 없네."

그 아내가 하는 말이,

"인력거 세 얻어 오던 날 해지기 전부터 잠자기 시작하여 어젯날 점심 때에 일어나서 술 먹으면 개자식이라는 맹세는 어찌하였든지 일어나는 길로 세수도 아니하고 바로 나가서 술을 얼마나 자셨기에 그렇게 취하여 들어오셨소? 지금이야 일어났으니 잠도 무던히 잤지마는 어저께는 어찌하여 외상 술을 그렇게 많이 자셨소? 어저께 술값이 일백팔십 냥이라고 술집 주인이 와서 집에 돈이 있으니 전후 술값을 다 셈하여 주마 하였다고 왜 돈 두고 아니 주느냐고 사설하고 갔소. 무슨 돈이 집에 있다고 술값 받으러 오라고 하였습더니까? 집에 돈을 두었는지 어쨌는지 나는 알 수 없으니 술 깨거든 와서 받아가라 하여 보내었소. 필연코 조금 있다가 또 올 것이오."

김 서방의 하는 말이,

"왜 그 돈 어찌하였나? 그 속에서 내어 주지그랴."

그 아내가 새삼스러이 하는 말이,

"그 돈이 무슨 돈이오? 어느 때에 나를 돈 주었소?"

김 서방이 의아하여 말하기를,

"길에서 얻은 지전 뭉치, 왜 자네가 그 때 세어 보지 아니 하였나? 그래서 사천삼십이 원 오십 전, 당오풀이로 이십만 냥 자네에게 맡기고 자지 아니하였나, 왜?"

그 아내가 이 말을 듣더니 어이없고 기가 막히어,

"아, 당신이 꿈을 꾸었소? 언제 어느 때에 지전 뭉치를 얻어 가지고 왔소? 나는 지전커녕 종이 조각도 못 보았소. 잠을 그만치나 잤으니까 꿈도 많이 꾸었겠지."

김 서방이 이 말을 듣더니 하도 기가 막히어 말 한 마디 못하고 잠잠히 앉았더라. 그 아내도 아무 말 없이 앉았더라.

한참 동안을 두 내외가 아무 말 없이 앉았더니 김 서방이 입맛을 다시면서 묻는 말이,

"그래, 돈 얻은 것은 꿈이고 친구 데리고 술 먹은 것은 생시라는 말인가? 꿈에 돈 얻어 가지고 생시에 외상 술을 먹었으니 술값을 어떻게 하나? 응, 입맛 쓰다."

어느 사람이든지 게으른 사람은 못살고 부지런한 사람은 잘사느니, 벌기는 적게 하고 쓰기는 많이 하여 술 먹고 노는 사람 평생이 간구*하고, 부지런히 벌이하여 적게 쓰고 많이 모아 다만 한 푼이라도 돈을 모아 두는 사람은 아무리 하더라도 굶든 아니하는지라.

새문 밖 김 서방도 일하기 싫고 술 먹기 좋아하여 자나깨나 생각하기를, 저절로 돈이 생기어 술이나 매일 장취 먹었으면 이 위에 더할 낙이 없을 터인데 저절로 돈 생길 도리가 어디 있으리오. 어느 부처님이 지나가다 지전 뭉치나 길에 빠뜨려서 다른 사람 보기 전에 내가 먼저 얼른 집어 한 구석에 감추어 두고 남 모르게 꺼내어 쓰면, 술 먹고 싶을 때에 술 먹고 옷 해 입을 때에 옷 하여 입고, 마음대로 하였으면 좋겠다고 항상 생각하던 차에, 꿈인지 생시인지 이십만 냥 돈을 얻어 좋아라고 하였더니, 술 먹은 것은 적실하고 돈 얻은 것은 꿈이 되어 좋은 일이 허사로다.

가만히 생각한즉 하도 맹랑하고 하도 어이없어 목침 베고 드러누우니 일신이 찌뿌드드하다.

이리하여서는 아니되겠다고 그 날부터 부지런히 인력거 벌이할 새, 새벽에 나가서 저녁까지 술도 아니 먹고 용돈 과히 아니 쓰고 한 냥을

---

* 간구(艱苟)하다 가난하고 구차하다.

벌든지 열 냥을 벌든지 집으로 가지고 가서 마누라에게 맡겨 두고, 밥을 조금 많이 담아도 쌀 많이 없어진다고 말을 하며, 반찬을 조금 잘하여 놓아도 용돈 과히 쓴다고 잔말을 하여 아무쪼록 적게 쓰고 아무쪼록 많이 모으려 하며, 벌이를 할 때에도 동리 사람에게 신실하게 보이고 동무에게 믿지 아니케 굴어 다른 인력거꾼은 열 냥 받고 다니는 데를 김 서방은 일곱 냥이나 여덟 냥을 받고 다니며 힘을 들여 인력거를 끄니, 동리 양반들이 인력거를 탈 일이 있으면 김 서방을 부르고, 심부름을 시킬 일이 있더라도 김 서방을 찾아서 그 신실하고 튼튼한 것을 어여삐 보아 삯전도 많이 주고 행하도 후히 하여, 일 년 지나 빚 다 벗고 이태 지나 인력거 사고 삼 년 지나 돈 모았다.

김 서방이 이렇게 부지런히 벌이하고 열심으로 돈을 모으려 하고 신실하게 일을 하려고 할 때에, 그 아내도 또한 바느질하며 남의 집일도 하여 밥도 더러 얻어다가 끼니를 에우고, 반찬도 더러 얻어다가 남편을 공대할 새 그럭저럭 삼사 년이 지내었더라.

섣달 그믐께는 새해를 맞으려고 사람마다 분주하여 빚 받으러 다니는 사람도 있고, 빚에 쫓겨 피신하는 사람도 있고, 세찬에 봉물에 오락가락 세상이 번화한데, 어떠한 집에는 흰떡하고 인절미하고 차례 차리느라고 야단법석하며, 어떠한 집에는 아이들 설빔 하나 못 해 주고 돈이 없어 쩔쩔매는 집도 있도다.

김 서방도 이삼 년 전에는 섣달 그믐을 당하면 술값이니 쌀값이니 일수·월수 돈에 몰려 쫓겨다니느라고 과세도 변변히 잘못하더니, 금년부터는 형세가 늘어서 집안이 넉넉하여 빚 한 푼 갚을 것 없고, 쌀 한 되 취한 데 없다.

김 서방이 동리 양반에게 세찬 행하를 많이 얻어 가지고 집으로 들어가니, 그 아내는 과세하려고 흰떡을 하며 만두를 하며 혼잣몸이 분주한지라, 방으로 들어가서 심심히 앉았다가 장롱을 열고 보니 어느 틈에 벌써 두 내외의 입을 설빔 의복을 다 하여 놓았더라.

김 서방의 입이 떡 벌어져서 혼자 빙긋 웃고 마음에 좋아라고 잠깐 앉았다가 다시 일어서서 바깥으로 나와서 그 아내의 하는 일을 거두쳐 주며 이야기하는 말이,

"여보게 마누라, 이번 설에는 내 마음이 참 좋아. 재작년 설만 하여도 우리가 남의 빚에 쫓기어 고생을 좀 많이 하였나? 술집 늙은이가 술 값 받으러 왔을 때에 돈은 없고 할 수 없어 내가 이불 개어 놓은 뒤에 가서 자네 행주치마를 쓰고 숨었더니, 술집 늙은이가 자네더러 옥신 각신 말하다가 나 숨은 데를 의심하였던지 늙은이가 하는 말이······ '애고 이상하여라. 저 이불 위의 행주치마가 왜 꿈지럭꿈지럭하 여······?' 하는 소리에 떠들어 볼까 하여 가슴이 두근두근하였네. 그 때 만일 그 늙은이가 떠들어 보았으면 내 모양이 어찌 될 뻔하였어? 지금 생각하여도 우습고 기막히지, 하하하!"

일을 다 한 후에 저녁밥을 차려 가지고 방으로 들어가서 재미있게 먹 은 후에 그 아내가 하는 말이,

"우리가 삼 년 전보다는 형세가 늘어서 굶지 아니하고 넉넉하게 살며 명절을 재미있게 잘 세는 것은 당신이 술을 끊고 부지런히 벌이한 까 닭인데, 그 동안에 백사를 절용하여, 쓸 것을 아니 쓰고 돈을 모아 지 금은 어지간히 많이 모였소. 얼마나 되는지 시원하게 세어 보시려 오?"

김 서방도 본래 자세히 알지 못하여 궁금하던 터이라 속마음으로 인 력거나 두어 채 사서 다른 사람에게 세로 줄 만한 돈이나 모였는가 생 각하고 기꺼이 대답한다.

"그것 참 좋은 말일세. 아마 돈 천이나 모였겠지. 당오 만 냥만 되어 도 걱정 없겠는데."

그 아내가 벌떡 일어서서 장롱 안에서 무슨 뭉치를 두 손으로 무겁게

들고 꺼내어다가 김 서방 앞에 놓으며 하는 말이,

"이것을 세어 보니까 모두 사천삼백 원이니 당오풀이로 이십 일만 오천 냥입데다."

김 서방이 깜짝 놀라며,

"웬 돈이 이렇게 많이 모였나?"

그 아내는 온순한 태도로 조용히 말하되,

"오늘은 내 죄를 용서하여 주시오. 내가 남편에게 죄를 많이 지었소. 당초에 당신이 인력거를 끌고 나가서 지전 뭉치를 얻어 가지고 들어오셔서 그 이튿날 벌이할 생각은 아니하고 그 전날 밤에 약조한 말과 맹세한 말은 모두 잊어버리고 술 자시기를 시작하시기에, 하릴없이 당신을 속이고 당신 술 취한 것을 이용하여 꿈으로 돌려보내고 그 지전 뭉치를 경찰서로 가지고 가서 모든 사정 말을 하고 임자를 찾아주라 하였더니, 경찰서에서 광고를 붙이고 지전 잃은 사람을 사면으로 찾으나 돈 임자가 나서지 아니하는 고로 수일 전에 나를 부르기에 내가 경찰서에 갔더니, 경찰서장이 그 지전 뭉치를 내어 주며, 이 돈은 삼 년이 지내도 임자가 나서지 아니한즉 네게로 내어 주노니, 그것 가지고 잘살아라 하옵기 대단히 놀랍고 고마워서 가지고 나왔으나, 그 동안 삼 년이나 당신을 속인 일이 여편네 된 도리에 대단히 죄송하오니 용서하시오. 경찰서에서 내어 주신 돈이 사천삼십이 원 오십 전이요, 그 나머지는 그 동안 우리가 모은 돈이오."

김 서방은 그 아내의 말만 듣고 잠잠히 앉았더니 별안간 하는 말이,

"아니여, 이것이 또 꿈이로군. 내가 또 지금 꿈을 꾸는 것이야."

그 아내는 김 서방의 하는 말이 한편으로는 딱하기도 하고, 한편으로는 또 김 서방이 돈 많은 것을 보고 도로 예전 마음이 생기어 술이나 먹고 게을러질까 염려하여 엄연한 태도로 말을 한다.

"아니오, 꿈도 아니고 정말인데, 인제는 이것 가졌으면 전답 사고 추

수하여 존절*히 쓰고 먹으면 구차치 아니하게 살 터이니 우리가 더욱 마음을 굳게 먹고 규모를 부려 가며 잘 사십시다.”

김 서방은 한참 동안이나 말이 없더니 눈에 눈물이 핑 돌면서 하는 말이,

“내가 오늘 이러한 기쁘고 좋은 말 하게 된 것은 모두 자네 덕일세. 마누라가 그 때에 그렇게 아니하였더라면 나는 그 돈을 다 썼을 터이오. 구차한 놈이 별안간 돈 잘 쓰는 것을 경찰서에서 가만히 있을 리가 있는가? 징역은 갈 데 없이 하였을 것이오. 또 오늘 이렇게 돈이 남을 수가 있었겠는가? 자, 나는 부자 되었다고 마음놓을 수는 없으니, 돈은 다 자네가 가지고 논도 사고 땅도 사게. 나는 인력거 벌이는 내어버리지 못하겠네…….”

김 서방은 인력거를 끌고 병문으로 나아간다.

공진회를 개최한다는 소문이 있더니 서울서 공진회 협찬회가 조직되었는데, 공진회는 총독 정치를 시행한 지 다섯 해 된 기념으로 하는 것이라 하는 말을 김 서방의 내외가 들었던지, 경찰서에서 돈을 내어 준 것을 항상 고마워하고 총독 정치의 공명함을 평생 감사하게 여기던 터이라, 공진회 협찬회에 대하여 돈 이백 원을 무명씨로 기부한 사람이 있는데, 이 무명씨가 아마 김 서방인 듯하더라.

＊존절 쓰임쓰임를 아껴 알맞게 씀.

시골 노인 이야기

벼루에 먹을 갈고 한 손에 붓대를 잡고 또 한 손에는 궐련초에 불을 달여 입에다 대었다 떼었다 하는 동안에 입으로 궐련초 연기만 후후 내불고 앉았는데 별 생각이 아니 난다.

붓방아만 찧고 있다가 궐련초는 재떨이에 내던지고 붓은 책상 위에 내던지고 벌떡 일어나서 두루마기 입고 모자 쓰고 문 밖으로 썩 나서며 혼자 입속말로 중얼중얼 하는 말이,

"내가 붓을 들고 책을 지을 때에 하루에 열 장 스무 장은 놀면서 만드는데, 오늘은 어찌하여 아무 생각도 아니 나고 종일 앉아 붓방아만 찧고 소설 한 장도 못 만들었으니 이렇게 아무 재료가 도무지 없을까……."

남산을 바라보니 성긴 나무 울울충충 무슨 의사 있는 듯하나 별로 신기한 생각이 아니 나고, 길거리를 내어다보니 사람들이 오락가락 제각기 일 있는 모양이나 깊은 사정 알 수 없다. 아서라, 저기 시골서 노인 한 분 이번에 공진회 구경하러 올라왔다 하니 그 양반이나 좀 찾아보고 이야기나 들어 보겠다.

그 노인 거처하는 방은 매우 정결하고 소쇄하나,* 한 옆에는 화로에 불을 피우고 약탕관에 약을 달이며, 한 옆에는 책상이 있고, 책상 위에는 그 노인에게 당치 아니한 신학문 서책이 쌓여 있고, 재떨이는 으레 건이거니와 요강, 타구도 그 앞에 놓여 있더라.

한 번 절하고 일어앉아 행용하는 인사를 마친 후에 역사적 이야기를 청하였더니, 그 노인은 안경 너머로 눈을 들어 넘겨다보며 한 손으로 담뱃대에 상초 한 대를 꽉 눌러 담아 피워 물고 하는 말이,

---

＊ 소쇄(瀟灑)하다 어떠한 지경에 도는 기운이 맑고 깨끗하다.

"내가 칠십 세를 살았으니 철모르고 자라난 이십 년 동안을 뺄지라도 오십 년 동안 일은 지내어 보았네. 그 동안에 별별 이상한 일도 보았고 고생도 하여 보았고 세상 변천하는 것도 여러 번 지내어 보았네. 그런 고로 자네 같은 소년들은 나를 오십 년 역사책으로 알고 성가시게 구네그려…… 하…… 하……. 그런데 무슨 할 이야기가 어디 있나? 그러나 이것은 참 재미있는 이야기인데 자네한테나 이야기하는 것이니, 행여나 소설책이나 그러한 데에 내지 말게, 부디. 이것은 몇 해 아니된 일일세."

한 시골 사람이 어린 조카 자식을 서울로 올려보내며 당부하는 말이라.

"용필아, 잘 가거라. 서울은 시골과 달라서 대단히 번화하여 길에 잘 못 다니다가는 말에게 밟히기도 쉬우니 조심하여라. 사동 김갑산 영감은 나와 죽마고우로 어려서부터 사이가 좋게 지내었다가 근래 칠팔 년을 서로 소식 없이 지내었는데, 그 집을 찾아가서 내 편지를 전하고 보이면 그 사람이 필연 반가워할 것이요, 또 너를 위하여 출세할 길도 열어 줄 것이니 그런 데를 가서 있더라도 똑똑하게 하여라."

이렇게 당부하고 말하는 사람은 용필의 삼촌이니, 만초 선생이라면 그 동리 근처에서 모르는 사람이 없는 사람이요, 그 동리는 강원도 철원 고을 북편으로 십 리쯤 되는 땅이라. 무슨 까닭으로 자기 조카를 서울로 보내느냐 할지면, 좋은 일에 보내는 것이 아니요, 사세 부득이한 일이 있어서 집에 있을 수 없는 형편이 있는 고로 서울로 보내는 터이라. 당초에 용필의 조부는 상당한 재산이 있어서 요부하게* 살 뿐 아니라, 그 근처에서 세력이 남에게 지지 아니하고 행세도 점잖게 하는 고로 사람마다 존경하더라.

---

* 요부(饒富)하다 살림이 아주 넉넉하다.

아들은 둘이나 있으되 손자를 못 보아 대단히 바라더니 맏아들에게서 용필을 낳은지라, 아이도 대단히 탐스럽고 똑똑하게 생겼거니와 늦게 본 손자라 더욱 귀애하여 금지옥엽같이 사랑할 새, 이 때 그 친구로 항상 서로 추축하는 박 감역이 있으니 역시 가세가 넉넉하고 세력도 있고 문벌도 비등한데 늦게 손녀딸을 보아 대단히 사랑하여 이름을 명희라 부르고, 아침이든지 저녁이든지 명희를 품에 안고 용필의 조부되는 김 도사 집에 가서 담배도 먹고 이야기도 하고 놀다 오는 터이다.

용필이는 돌이 지내어 아장아장 걸어오고 걸어가매 김 도사가 귀애하여 재미를 보느라고 사랑 마당 양지쪽에 앉아서 용필의 걸음 걷는 양을 보려고 손에 들었던 담뱃대를 멀지 않게 집어 내던지고,

"오, 내 손자야, 저기 가서 저어 담뱃대 가져온. 옳지 옳지, 아이고 기특하다."

김 도사가 이리할 즈음에 박 감역이 명희를 품에 안고 나와서 역시 내려놓고 손을 붙들고 귀염을 본다. 두 어린아이가 빵긋빵긋 웃으며 혹 걷기도 하고 혹 기기도 하여 둥실둥실 노는 모양 남이 보아도 귀엽고 대견하여 어여삐 여길 터인데, 김 도사와 박 감역이야 오죽 귀여워하리요.

두 늙은이가 어떻게 마음에 귀엽던지 그 자리에서 서로 언약을 맺고 혼인을 예정하여, 용필이 열일곱 살 되거든 성례하기로 작정한지라. 남녀가 일곱 살만 되면 한 자리에 앉지 않는 것이 우리 조선의 예법이로되, 용필이와 명희는 예혼을 언약한 터인고로, 십여 세가 되도록 한 방에 함께 앉기도 하며, 어른들이 실없이 구느라고 한 자리에 앉히고,

"명희가 네 아내다."

"용필이가 네 남편이다."

하며 재미를 보고 웃고 지내더니, 세상 만사가 뜻대로 되기 어려움은 옛적이나 지금이나 일반이라. 박 감역이 세상을 이별한 후 일 년이 못

되어서 김 도사가 역시 별세하니, 김 도사의 집에는 환란이 그치지 아니하여 해마다 초상이 아니 나는 해가 없어, 김 도사의 맏아들이 죽고, 그 둘째 아들 만초 선생의 내외도 중병으로 죽을 뻔하다가 겨우 살아나니, 어언간 가산이 탕패*하여 용필이는 부모 없는 고아가 되고 간난*한 살림살이로 궁하게 지내는 그 삼촌에게 의탁하여, 숙모가 뒤를 거두어 길러 내니, 수삼 년 전에는 철원 고을에서 일반이 부러워하던 김 도사 집이 지금은 아주 보잘것 없이 되어 사람마다 세상의 부귀 영욕이 일장 춘몽과 같다 하는 말을 믿게 하는도다.

어제까지는 사람마다 떠받들고 집집마다 귀여워하던 용필이가 지금은 간 데 족족 천대꾸러기가 되어 헐벗고 주리고 모양이 아주 말 못 되는데, 그 삼촌 숙부되는 만초 선생은 평생에 좋아하는 것이 글뿐이요, 돈 같은 것은 변리도 따질 줄 모르고, 집안 살림은 당초에 상관치 아니하여 그 아내가 어찌어찌하여 지내어 가는 터이라. 그러한 고로 용필이는 더욱 말 못 되게 지내어 어떠한 때는 끼니도 굶고 의복은 남루하여 불쌍한 경우에 이르렀는데 세상 사람이 하나도 돌보아 주는 사람이 없으되 오직 남모르게 속으로만 불쌍히 여기고 마음으로만 애달프게 여기는 사람 하나가 있으니, 이는 다른 사람이 아니라 박 감역의 손녀 명희라.

박 감역이 죽은 후로 박 감역의 아들 명희의 아버지 박 참봉은 원래 인색하고 돈만 아는 사람이라, 빈궁한 사람은 사람으로 여기지 아니하고 부자나 세력 있는 사람을 보면 그 앞에서 감히 얼굴을 들지 못하고 아첨하는데, 당초에 김 도사가 살아 있을 때에는 김 도사 집에 요부하고 세력이 있어 자기 집보다 나은 고로 자기 딸 명희와 용필이가 예혼 언약한 것을 좋아하였으나, 지금은 김 도사 집이 망하고 용필이가 말

---

* 탕패(蕩敗) 탕진.
* 간난(艱難) 가난의 본딧말.

못 되게 있음을 보니 혼인할 마음이 없는데 명희의 얼굴이 절묘하고 침선 범절과 언어·행동이 세상 사람 같지 아니하고 하늘에서 내려온 선녀인 듯하여 원근간에 칭찬이 자자하고 소문이 널리 나서, 아들 있고 혼처 구하는 사람은 청혼하지 아니하는 자 없는 고로 박 참봉은 더욱 용필이와 성혼하기를 싫어하여 만초 선생에게 돈을 얼마 주고라도 파약하였으면 좋겠다고 생각하나, 만초 선생은 원래 전재를 탐내는 사람이 아닌 고로 말도 하여 보지 못하고 어떻게 하여 세력으로 내리눌러서 파혼할 마음이라.

명희는 나이가 아직 어리되 지각이 어른보다 출중한 고로 자기 부친의 눈치를 알아채었도다.

출중한 사람은 출중한 마음이 있나니, 명희의 마음은 용필이를 장래 자기의 배필로 알고 천하 없는 일이 있을지라도 이것은 변치 못하겠다 하여, 이따금 담 너머로 용필이 지나가는 것을 보면 말은 못하되 속으로만 간이 사라지는 듯이 불쌍하고 사랑스러운 마음이 저절로 나서 옷이라도 하여 주고 밥이라도 먹였으면 좋겠다고 생각하는 터이라.

하루는 명희가 그 모친과 함께 일갓집 혼인 잔치에 갔다가 저물게 돌아오는데, 만초 선생의 집 앞으로 지나갈 새 어떤 아이가 담 모퉁이에 서서 눈물을 흘리고 무슨 생각을 하며 대단히 슬퍼하는 모양인데, 자세히 보니 용필이라. 명희의 오장이 녹는 듯하고 눈물이 저절로 흐르는 것을 모친 모르게 씻고 집으로 돌아와 그 날 밤에 잠을 못 자고 규중에서 방황하다가 달은 희미한데 후원으로 들어가서 높은 곳에 올라서서 용필이 섰던 곳을 바라보니 마침 용필이가 어디를 가는지 집 앞으로 지나가는지라, 큰 소리로 부를 수는 없는 고로 담 너머로 지나갈 즈음에 명희가 담을 넘겨다보고 가는 목소리로 용필이를 부른다.

"용필아, 용필!"

용필이가 돌아다보고 조용히 단둘이 만나, 하나는 담 너머 서고 하나

는 담 안에 있어 나직나직한 말소리로 이야기를 하려 하는데, 저편에서 기침 한 번을 에헴 하고 이리로 향하여 오는 사람이 있는지라, 깜짝 놀라 명희는 제 방으로 들어가고 용필이는 갈 데로 갔으나, 기침하고 오던 사람은 명희의 부친 박 참봉인데, 자기 딸이 용필이와 무슨 이야기하는 것을 보고 마음에 대단히 괘씸하고 분이 나서 용필이를 죽여 없이 하였으면 좋겠다 하는 생각까지 나는도다.

이 때 철원읍에 사는 유 승지는 가세가 심히 요부하여 강원도 안에 제일가는 부자요, 돈이 많으면 세력이 있는 것은 세상의 상태라. 서울 재상가에도 반연이 있어 벼슬을 승지까지 얻어 하고 철원고을 안에서는 호랑이 노릇을 하는 터인데 아들의 혼처를 구하되 적당한 데가 없어 경향으로 구혼하더니, 박 참봉의 규수가 심히 절묘하고 범절이 갸륵하다는 소문을 듣고 일부러 사람을 보내어 탐지하여본 후에, 바싹 욕심이 나서 중매를 놓아 청혼한즉 박 참봉의 생각도 매우 좋이 여기지마는, 용필이가 있는 까닭에 허락지 못하고 그 사연 이야기를 말한 후에 중매쟁이 귀에다가 박 참봉의 입을 대고 수군수군하는 말이,
"그 아이를 어떻게 없이 하였으면, 내 마음에도 유 승지의 아들과 혼인하는 것이 매우 좋겠소."
중매쟁이가 박 참봉의 하던 말을 유 승지에게 전한즉 유 승지가 하는 말이,
"그까짓 것, 내 수단으로 그것이야 못 없앨라구?"
유 승지가 그 고을 육방 관속을 자기 집 하인 부리기보다 더 쉽게 부리는 터인데, 즉시 이방*과 호장*을 불러 분부하니 이방과 호장이 감히

---

* 이방(吏房) 조선 시대에 이전의 사무를 맡아 보던 육방의 하나. 승지에 딸려 인사 · 비서 그 밖의 사무를 맡아 봄.
* 호장(戶長) 조선 시대 각 고을 아전의 맨 윗자리. 또는 그 직에 있는 사람.

거역치 못하여,

"그리하오리다."

하고 물러가더라.

이방이 유 승지의 소청을 듣고 나와서 생각하기를,

'내가 호장과 부동하여 용필이라 하는 아이를 무슨 죄에든지 얽어 몰아 죽이기 어렵지 아니하나, 무죄한 사람을 애매히 죽이는 것이 옳지 못할 뿐 아니라, 우리 선친이 용필이 조부 김 도사 그 양반에게 은덕을 입은 일이 있은즉, 내가 이 아이를 살려 내는 것이 옳다.'

하고 즉시 만초 선생의 집을 찾아가서 용필이 살려 낼 일을 의논한다.

이방 "유 승지 영감의 분부가 이러하니 감히 거역할 수는 없고 그리할 수도 없어서 하는 말씀이오. 어떻게 하시려 합니까?"

만초 "큰일났네그랴! 그러니 박 참봉이 그리할 수가 있나. 이 연유로 관찰부*에 고발하면 어떠하겠나?"

이방 "그러면 나는 이방도 못 다니게요? 그뿐 아니라 유 승지는 돈이 많고 사람이 간사하고 세력이 있으니까 아무리 하여도 댁에서 질 터인즉 고발하여도 쓸데없지요. 내 생각 같으면 도련님을 서울이나 어디로 멀리 보내는 것이 좋을 듯 하오이다."

만초 "자네 말이 옳은 말일세. 그러면 그리하세. 서울 가서 상노 노릇을 하더라도 여기서 이 고생하는 것보다는 나을 것이요, 또 내 친구도 더러 서울 있으니 세의로 하더라도 뒤를 보아 줄 터이지."

이방 "세의 말씀 마시오. 지금 세상 인심이 세의를 압니까? 박 참봉은 댁과 세의가 없어서 그렇게 마음을 먹습니까? 어찌 되었든지 멀리 보내시오."

이방이 간 후에 만초 선생이 용필이를 불러 앉히고 전후 이야기를 자

---

*관찰부(觀察府) 조선 시대 관찰사가 직무를 보던 관청.

세히 말하여 들리고 서울로 가라 하니, 용필이도 하릴없이 자라나던 고향 산천을 떠나서 산도 설고 물도 선 서울로 가게 되었도다.

용필이가 그 삼촌 숙부 만초 선생을 하직하고 서울로 찾아가서 동대문을 들어서니, 만호 장안에 인가가 즐비하고 거마가 도로에 연락부절하여 사동 김 갑산 집이 어디인지 알 수 없어 길거리에서 방황하다가, 사동으로 가는 장작 실은 말몰이꾼을 만나서 사동까지는 함께 왔으나, 김 갑산 집을 물은즉 하나도 아는 사람이 없어 사동 천지를 집집마다 상고하여 김 갑산 집을 찾되 알 수 없는지라, 갈 바를 알지 못하여 낙심천만하고 길에 서서 어찌할꼬 하고 정신없이 걸음 걸어 안동 네거리에 이르러, 이상한 복색에 칼 차고 말 탄 사람이 말을 달려오는데, 또 한편에서는 사륜 남여에 검은 복색 입은 구종들이 늘어서서 비키라고 소리를 지르는 서슬에, 그것을 보고 길을 비키려 하다가 달려오는 말에 다닥뜨려 용필이는 넘어지니 말은 용필의 가슴을 밟고 지나가니 그 말 탄 사람이 말에서 뛰어내려 넘어진 용필이를 붙들어 일으키니 단단히 다쳐서 까무러쳤는지라, 급히 교군을 얻어 태워 가지고 자기 집으로 데리고 가서 의원 불러 치료하니 그럭저럭 여러 날이 되었더라.

말에 상한 용필이가 다친 데도 대강 나아서 일어앉고 걸어다닐 만하니, 주인은 집을 알아 보내 주려고 거주·성명을 묻는데 용필이 대답하기를,

"내 고향은 강원도 철원인데 서울로 올라와서 김 갑산 집을 찾으려
하다가 길에서 말에 다쳤나이다."

하거늘 주인이 이 말을 듣고 즉시 하인을 불러,

"작은댁 영감 오시라고 여쭈어라!"

하더니 조금 있다가 얼굴이 거무스름하고 눈에는 흰자위가 많은 한 사람이 들어오는데, 주인이 용필이를 대하여 말하기를,

"네가 이 양반을 찾느냐? 이 양반이 진주 병사라는 벼슬을 하였는고

로 김 병사라 하지마는, 이왕에 갑산 원을 다녀와서 김 갑산이라 하였더니라."

용필이가 김 갑산을 찾기는 하지마는 삼촌의 편지를 전하려 함이오. 제가 김 갑산의 안면을 아는 것이 아니라 자기 삼촌의 이름과 올라온 사정 이야기를 대강 하고, 우리 삼촌과 죽마고우로 친분이 자별한 김 갑산 영감을 찾노라 하니 그 사람이 깜짝 놀라며 하는 말이,

"아, 그러면 네가 만초의 조카냐? 김 도사의 손자로구나! 오, 만초를 만난 지가 벌써 칠팔 년이나 되었지."

이 때 철원읍에서 유 승지가 박 감역의 딸 명희와 자기 아들의 혼인을 맺으려고 김 도사의 손자 용필이를 무슨 죄에 얽어서 남모르게 죽여 없이 하려 하였더니, 용필이가 집을 떠나 부지 거처 소식이 없다. 한 달이 지내어도 소식이 없고 일 년이 지내어도 돌아오지 아니하매 박 참봉을 졸라서 성혼하자 하니, 박 참봉도 용필이 없음을 다행히 여기어 유 승지의 아들과 혼인하려 하나, 혼인에는 무엇이 제일이라던가, 제일 긴요한 새악시가 병이 들어 작년 봄부터 이불 덮고 드러누운 사람이 여름이 지나고 가을이 지나고 겨울이 지내어 다시 봄철이 돌아오도록 방문 밖에를 나와 보지 못하여 병 낫기만 기다리고 그럭저럭 지내더니, 세월이 차차 소요하여 난리가 난다, 피난을 간다, 서학군을 죽이느니, 동학이 일어나느니 하고 예제 없이 소동하여, 밤이면 좀도적, 낮이면 불한당, 어디 어느 곳이 안정한 땅이 없더라.

동학 난리가 지나고 의병 난리가 일어나서 각 지방이 소동하는 그 동안에 유 승지는 강원도의 부자라 하는 소문으로 동학에게 잡혀가서 여간 재산 다 빼앗기고 생명만 겨우 보존하여 집으로 돌아온즉, 실인심한 사람은 난리 세상에 더욱 살기 어렵도다.

동학이 가장 창궐한 곳은 삼남 지방이라. 경군*이 내려가서 겨우 진멸하매 강원도 일경으로는 의병이 또한 창궐하여 서울서 병정을 파송

하여 의병을 토멸하려 할 새, 연대장은 원주에 앉아서 작전 계획을 만들어 내고 각 대대장과 중대장·소대장이 각 고을에 출주하여 연대장의 명령을 받아 의병 진정하기에 힘쓰니, 철원 고을에 출주한 군대는 대대장이 김 참령*이요, 소대장이 참위 김용필이라.

당초에 김용필이가 김 참령의 백씨 김 부령*의 말에 다쳐서 김 부령 집에서 여러 날 치료하고, 김 참령을 만나서 만초 선생의 편지를 전하고 김 참령의 집에서 유련하니, 김 부령은 위인이 대단히 인자하여 용필이를 사랑하나, 바라고 찾던 김 참령은 도리어 성품이 표독하고 마음이 음흉하여 별양 반갑게 여기지 아니하는 모양이라. 눈칫밥을 얻어먹으며 천대를 받고 지내되 그 큰집에를 가면 김 부령이 항상 말 한 마디라도 친절하게 하고 불쌍히 여기는 모양인즉 자연히 김 부령에게 따르더라.

용필의 위인이 똑똑하고 문필이 유려하고 매사에 영리하여 시골 아이의 태도가 도무지 없는 고로 김 부령이 매양 사랑하더니, 자기 아우 김 참령이 강원도 의병 진멸차로 대대장으로 출주하게 되니, 그 아우 수하에 사람스러운 보좌원이 없음을 한탄하여 김용필이를 병정에 넣어서 김 참령의 수하병이 되게 하여 함께 강원도로 출진할 새, 의병과 수삼 차 접전하여 김용필이가 접전할 때마다 비상한 대공을 이루니 이 일이 자연 연대장에게 입문되어 연대장이 대단히 김용필의 공로를 가상히 여기어 서울로 보고하였더니, 특별히 참위 벼슬에 임명하여 소대장이 되게 하매, 항상 김 참령의 하관이 되어 병정을 거느리기를 제제 창창하게 하고 의병 진정하기를 귀신같이 하여 명예가 더욱 나타나더라.

---

* 경군(京軍) 조선 시대 서울의 각 영문에 속해 있는 군사.
* 참령(參領) 대한 제국 때 무관 계급의 하나. 영관의 맨 아랫자리.
* 부령(副領) 갑오경장 이후의 무관 계급의 하나. 정령의 아래 참령의 위 계급.

한 번은 의병 간련한 사람들이라고 잡아 왔는데 그 중에 박 참봉이 있거늘 자세히 조사한즉, 당초에 유 승지와 박 참봉이 부자의 득명으로 의병에게 잡히어 가서 돈과 재물을 빼앗겨 가며 붙들려 다니다가 의병이 패하여 달아나는 서슬에 유 승지는 총을 맞아 죽고 박 참봉은 자기 집으로 돌아와 있더니, 동리 사람 중에 그 인색하고 더러움을 평생 미워하던 사람이 있어 김 참령에게 말을 하여 잡히어 왔는지라. 김용필이가 대대장 앞에 가서,

용필 "여쭐 말씀이 있삽나이다. 저 의병 간련으로 잡히어 온 박 아무는 자세히 사실하온즉 의병에게 붙잡혀 다니기는 하였으나 죄는 실상 없사오니 무죄 방송하옴이 어떠하오리까?"

대대장 "그래도 의병에게 건재를 대어 주고 함께 따라다닌 놈을 백방할 수가 있나?"

말을 하면서 용필에게 눈짓을 하여 잠깐 이리로 오라 하더니 사람 없는 조용한 곳으로 가서 입을 귀에다 대고 수군수군 말을 한다.

대대장 "내가 들으니 박가의 딸이 지금 열아홉 살인데 대단히 절묘한 미인이라데 아직 시집도 아니 갔대여. 자네 알다시피 내가 아들이 없어서 첩을 하나 두려 하던 차인즉 박가를 살려 주고 그 대신에 내가 첩장가를 들겠네. 그리하여서 내가 일부러 병정을 보내어 탐문하여 가지고 잡아온 것이니 내놓지 말게."

용필 "에엣? 아이고, 가슴이야!"

용필이가 대대장의 말을 듣고 깜짝 놀라 가슴이 꼭 막히고 목이 메어 말을 못하더니, 한참 만에 억지로 정신을 가다듬어 전후 일을 자초지종 모두 설파할 새, 자기 조부와 박 참봉의 부친 박 감역이 예혼을 언약한 일로부터 칠팔 세를 지내어 십여 세가 되도록 같이 자라나던 이야기와, 자기 조부 죽은 후에 집안이 결딴난 일과 박 참봉이 예혼을 파약하려 하는 심술과 명희가 저를 생각하고 서로 아끼던 정의와, 한 번 담 너머

로 넘겨다보고 이야기하려다가 박 참봉한테 들키던 일과, 유 승지와 박 참봉이 동모하여 저를 죽이려 하던 일과, 제가 부득이하여 서울로 올라간 일을 낱낱이 이야기하고 나중에 하는 말이,

"하관은 영감의 아들이나 진배없는 터인즉 하관과 이러한 관계 있는 것을 아시면 그 아이는 며느리같이 생각하시옵소서."

김 참령의 시커먼 얼굴이 무안을 보아 붉어지며 마치 아메리카 토인의 홍색 인종 같은지라, 검은 얼굴이 새까매지며 코를 실룩실룩하고 증을 내어 하는 말이,

"어린 연놈들이 상사라니, 으응!"

그리한 후 이삼 일이 지난 후에 김용필이 거느린 소대 병정 하나가 촌에 나가서 술 먹고 행패한 일이 있는데, 다른 때 같으면 그 병정을 포살을 하든지 벌을 주든지 할 터이요, 또 김용필이가 그리하였더라도 이다음에는 그리하지 말라는 한 마디 훈계로 용서할 터인데 김용필이가 시킨 것이라고 억지로 죄목을 잡아 이러한 사람은 부하로 둘 수 없다는 연유로 즉시 보고서를 써서 연대소로 보내어 김용필은 갈고 다른 소대장을 보내어 달라 하니, 연대장은 그 보고서를 보고 드디어 참위 김용필을 서울 본대로 상환시키고 다른 소대장을 파송하였다.

하루는 김 참령이 병정 수십 명을 거느리고 박 참봉의 집으로 나가서 조사할 일이 있다 하고 집안 구석구석이 가택 수색을 할 새, 안방에서 박 참봉의 딸이 나오는 것을 본즉 참 일색이라, 김 참령이 정신을 잃고 물끄러미 보고 섰다가 조사할 것을 다 마친 후에 박 참봉을 불러 앉히며 하는 말이,

대대장 "박 참봉 죽고 사는 것은 오늘 내 손에 달렸지."

박 참봉 "살려 주십시오."

대대장 "내가 나이가 사십여 세가 되도록 아들이 없어서 자손을 보기 위하여 다시 한 번 장가들려 하는데 마땅한 데가 없더니, 들은즉

박 참봉의 따님이 과년하고 또 유 승지 집과 혼인하려다가 지금은 못하게 되었다 하니, 내 말을 들으면 박 참봉이 목숨도 살고 우리 집과 척분을 맺어 좋은 일이 많을 터이니 어떠한가?"

박 참봉 "……."

대대장 "내 말을 아니 들으면 지금 당장 포살이여. 자, 어서 좌우간 대답을 하여."

박 참봉의 생각은 그렇게라도 하여 주고 목숨이나 살아났으면 하고 허락을 하려 하나, 딸의 마음을 짐작하는 고로 딸의 말을 들어 보아야 하겠는지라, 그 연유로 말을 한즉, 김 참령은 제 욕심만 채워서 하는 말이,

대대장 "물어 볼 것 무엇 있나? 박 참봉의 허락이면 고만이지. 물어 볼 터이면 이리로 나오래서 물어 볼 일이지."

이 때에 박 참봉의 부인과 명희는 어찌 되는 일인고 염려하여 뒷문 밖에서 엿듣던 차이라. 명희가 김 참령이 자기 부친을 위협하는 거동을 보고 분함을 이기지 못하나 부친 목숨에 해가 될까 염려하여 온순한 언사로 문 밖에서 하는 말이,

명희 "아버님께 여짜옵나이다. 대대장 영감께서 나라의 왕명을 몸받아 지방 인민을 안돈시키려고 이 고을에 내려오사, 무죄한 사람은 죽이실 리 없고 유죄한 사람이라도 회개하면 용서하실 터인데, 일개 소녀로 인연하여 그 말씀을 듣지 아니하면 무죄한 아버님의 목숨을 취하겠다 하시오나, 소녀는 이왕 정혼한 곳이 있어 말하자면 남편 있는 계집이오니, 왕명을 몸받아 오신 그 영감께서 이렇게 하시는 것은 국가에 불충이요, 소녀로 하여금 정절을 깨뜨리게 함이온즉 옳지 못한 일인가 하나이다. 그에 말씀을 결단코 봉행할 수 없사오니 돌려 생각하십사고 말씀하시옵소서."

김 참령이 처음에는 허락하는 말인가 하고 아리따운 목소리에 그 향기로운 살결이 자기 등어리에 대어 있는 듯하여 등이 간질간질하더니,

나중에 결단코 봉행할 수 없다 하는 말에 화증이 와락 나서, 내친 걸음이라 병정 불러 호령하되,

　"이놈 내다 포살하여라!"

하니 병정 십여 명이 우르르 들어와서 박 참봉을 끌어 내어 결박을 하는지라. 명희가 이 광경을 보고 정신이 산란하여 어찌할 줄 모르다가 방문을 펄쩍 열고 들어가서 김 참령 앞에 두 손으로 땅을 짚고 머리를 푹 숙이고 하는 말이,

　명희 "소녀가 지금 영감의 말씀을 듣자 하오면 두 번 시집가는 음녀가 될 것이요, 아니 듣자 하면 부친의 목숨을 구완치 못하는 불효가 될 터이오니, 효와 열을 쌍전할 수 없는 지경이면 차라리 효도나 지킬 수밖에 없사오니 소녀의 부친을 살리시옵소서. 소녀가 영감의 말씀을 봉행하오리다."

　대대장 "아, 기특하다. 진작 그리할 일이지. 어라, 그만두어라. 박 참봉 풀어 놓아라."

병정이 박 참봉의 결박하였던 것을 풀어 놓고 나간다. 명희가 일편단심을 내어 보일까 하다가 다시 돌쳐 생각하고 말을 온순하게 한다.

　명희 "소녀가 허락하는 자리에 따로 또 청할 말씀이 있사오이다."

　대대장 "응, 무엇? 무엇이든지 소청은 다 들어 주지. 채단 말인가?"

　명희 "아니올시다. 그런 말씀이 아니오라, 혼인은 인간 대사요, 또 영감께서는 부인이 계신 터이니, 소녀가 댁에 들어가면 이렇듯이 어엿하게 행세할 수 있겠삽나이까? 지금 여기서 병정들이라도 이러한 형편을 눈으로 보았은즉 서울 가서 소문새라도 흉하게 나오면 영감 전정에 관계가 적지 아니할 터이오니, 원주에 출주하여 계신 연대장 영감과 소녀의 부친과 영감이 한 자리에 합석하여 앉으시고 정중하게 혼인을 정하는 것이 좋을 듯하오니, 그리하신 후에 연대장 영감으로 증인을 삼고 혼인하는 것이 옳을까 하나이다. 그렇지 아니하면 영

감께서 위협으로 혼인하였다고 소문이 괴악하오리다."

대대장 "아, 그것 참 명철한 말이로고. 연대장은 나와 대단히 친한 터이요, 또 이달 보름께는 이리로 오실 터이니까 원주로 갈 것 없이 그 때 연대장이 오거든 그렇게 하지, 며칠 안 되니까."

원주에 있는 연대장이 각 대대를 시찰할 차로 돌아다니다가 철원읍에 이르니, 김 참령은 연대장 오기를 잔뜩 기다리던 터이라, 배반을 성설하여 간곡히 대접한 후에 첩장가 드는 말을 한다.

대대장 "하관이 간절히 청할 말씀이 있습니다."

연대장 "응, 무슨 말이오?"

대대장 "다른 말씀이 아니라 하관이 지금까지 혈속이 없어 항상 걱정하던 터에 상당한 처녀가 있으면 치첩을 하여 자손을 볼까 하더니, 마침 이 고을에 사는 박 참봉이라 하는 사람의 딸이 있는데 하관도 마음이 간절하고 박 참봉도 하락이 된 터이오니 상관께서 한 번 수고하시와 중매 되시면 혼인이 영광스럽겠사오이다."

연대장 "그것이야 어려울 것 무엇 있나, 그리하지. 그러면 박 참봉을 지금 이리로 부르시오."

박 참봉의 집에서는 연대장이 철원 고을에 들어와서 대대장과 만나서 이야기한다는 말을 듣고 명희의 혼인 수작이 되려니 짐작하였으며, 명희도 역시 말은 아니 하나 속마음에 작정한 일이 있는 모양이라.

하루는 연대장과 대대장이 합석하여 앉고 박 참봉을 청좌한다는 말을 듣고 명희가 그 부친 박 참봉에게 말을 하여, 자기 집에서 주안을 차리고 연대장을 오라 하여 혼사를 말하게 하였더라.

연대장과 대대장도 또한 좋은 일이라 하고 박 참봉 집으로 나와서 술잔씩이나 먹은 후에 혼인 이야기가 시작되매, 사랑방 뒷문이 열리며 향

---

* 옹용(雍容) 화락하고 조용함.

내가 방 안에 가득하고 옹용*한 태도로 윗방 자리에 나와 섰는 사람은 명희라.

　명희 "연대장 영감께 여짜올 말씀이 있삽나이다. 소녀는 일개 미혼 전 처녀로 감히 존전에 말씀하옵기 황송하오나, 소녀는 조부 생존시부터 김 도사 손자 되는, 지금 본대 소대장으로 있다가 서울로 갈려 간 김용필이와 혼인을 정하여 성례만 아니하였다 뿐이지 성혼한 지 이미 오래오니, 소녀는 남편 있는 계집이온즉 다시 다른 곳에 시집갈 수 없사온데, 대대장은 속에 짐승 같은 음흉한 마음을 품고 위협으로 소녀를 탈취하려 하여 부친을 의병에 간련 있다고 얽어몰아 가두고, 김 참위가 소녀의 예혼한 남편인 줄 안 후에 김 참위를 무고하여 서울로 올리쫓고 병정을 거느리고 소녀의 집에 와서 부친을 위협하고 소녀를 탈취하려 하옵기, 소녀가 부친의 생명을 염려하와 거짓 허락하고 연대장 영감의 중매를 청하온 것은, 저 금수 같은 김 참령의 행위를 연대장 영감께 말씀한 후 죽기로 자처함이오니 살피시기를 바라나이다."

고운 목소리는 녹음 중에서 나는 꾀꼬리 소리 같고, 엄숙한 태도는 심산 중에 앉은 호랑이의 위엄 같도다.

　김 참령은 얼굴이 붉다 못하여 숯검정 같고, 박 참봉은 죽어 가는 사람같이 벌벌 떨고 있으며, 연대장은 귀를 기울이고 자세히 듣는다. 연대장이 이 말을 듣더니 김 참령을 돌아보며 하는 말이,

　"나라의 명을 받아 백성을 안돈시키러 내려온 사람이 마음을 이렇게 음흉하게 먹고 행위를 이렇게 부정하게 하면, 저 처녀로 하여금 정절을 깨뜨리게 하는 동시에 영감은 나라에 대하여 역적이 됨을 면하지 못하겠소."

　경사로 이루려 하던 혼인 담판은 살풍경으로 깨어지고, 김 참령은 도망하여 서울로 가고, 연대장은 원주로 돌아가서 보고서를 써서 서울로

보고하니, 김 참령은 파면을 당하여 육군 법원에 갇히고, 김용필은 대대장으로 승차되어 철원에 출주하고 세상이 평정한 후에 명희와 김용필은 성례하여 지금 화락한 가정을 이루었는데, 세상이 잠깐이라, 벌써 아들을 형제나 낳았지……

"이리 오너라! 너 아낙에 들어가서 영감 내외분더러 아기네들 데리고 이리 나오라 하여라."
하인이 안으로 들어가더니 조금 있다가 기우 헌앙한 장부사나이가 요조 숙녀 부인을 데리고 아들 형제를 앞세우고 나온다.
그 노인이 나더러 인사를 붙인다.
"자네 인사하게, 이 사람은 김용필인데 내 조카요, 저기 저이는 내 조카 며느리, 아명이 명희인데 박 참봉의 딸이요, 이 아이들은 그 아들들……"
이야기하던 노인은 만초 선생인 줄을 그제서야 깨달았도다.

자체에 〈탐정 순사〉라 명칭한 1편과 〈외국인의 화(話)라〉 칭한 1편이 유(有)하나 경무 총장의 명령에 의하여 삭제하였사오며, 본 책자의 체제가 완미치 못함은 독자 제군의 서량하심을 요함.

최찬식

추월색

추월색

　시름없이 오던 가을비가 그치고 슬슬 부는 서풍이 쌓인 구름을 쓸어 보내더니, 오리알빛 같은 하늘에 티끌 한 점 없어지고 교교*한 추월색이 천지에 가득하니, 이 때는 사람 사람마다 공기 신선한 곳에 한번 산보할 생각이 도저히 나겠더라.

　밝고 밝은 그 달빛에 동경* 상야* 공원이 일폭 월세계를 이루었으니, 높고 낮은 누대는 금벽이 찬란하며 꽃그림자 대그늘은 서로 얽혀 바다 같고, 풀 끝에 찬 이슬은 낱낱이 반짝거려 아름다운 야경이 그림같이 영롱한데, 쾌락하게 노래부르고 오락가락하는 사람들은 모두 달구경하는 사람이더니, 밤은 어느 때나 되었는지 그 많던 사람들이 하나씩 둘씩 다 헤져 가고 적적한 공원에 월색만 교결*한데, 그 월색 안고 불인지 관월교 석난간에 의지하여 오똑 섰는 사람은 일개 청년 여학생이더라.

---

* 교교(皎皎)하다　달이 매우 맑고 밝다.
* 동경(東京)　도쿄.
* 상야(上野)　우에노.
* 교결(皎潔)　맑고 밝음.

그 여학생은 나이 18, 9세쯤 된 듯하며 신선한 조화로 머리를 장식하고 자줏빛 하카마*를 단정하게 입었는데 그 온아한 태도가 어느 모로 뜯어보든지 천생 귀인의 집 규중에서 고이 기른 작은아씨더라.

그 여학생의 심중에는 무슨 생각이 그리 첩첩한지 힘없이 서서 달빛만 바라보는데, 그 달 정신을 뽑아다가 그 여학생의 자색을 자랑시키려고 한 듯이 희고 흰 얼굴에 맑고 맑은 광선이 비치어, 그 어여쁜 용모를 이루 형용키 어려우니, 누구든지 한 번 보고 또 한 번 다시 보지 아니치 못하겠더라.

그 공원 속에 남아 있는 사람은 이 여학생 한 사람뿐인 듯하더니, 어떤 하이칼라 적소년이 술이 반쯤 취하여 노래를 부르고 불인지 옆으로 내려오는데, 파나마 모자를 푹 숙여 쓰고, 금테 안경은 코허리에 걸고, 양복 앞섶 떡 갈라붙인 속으로 축 늘어진 시계줄은 월광에 타 반짝반짝하며, 바른손에는 반쯤 탄 여송연을 손가락에 감아 쥐고 왼손으로 단장*을 들어 향하는 길을 지점하고 회동회동 내려오는 모양이, 애매한 부형의 재산도 꽤 없애 보고, 남의 집 색시도 무던히 버려 주었겠더라.

그 소년이 이 모양으로 내려오다가 관월교 가에 홀로 섰는 여학생을 보더니 모자를 벗어 들고 반갑게 인사한다.

소년 "아, 오래간만에 뵈옵습니다. 그 사이 귀체 건강하시오니까?"

여학생 "네, 기운 어떠시오?"

소년 "요사이는 어째 그리 한 번도 만나뵈올 수 없습니까?"

여학생 "근일에 몸이 좀 불편해서 아무 데도 못 갔습니다."

소년 "……아, 어쩐지 일요 강습회에도 한 번 아니 오시기에 무슨 사고가 계신가 하고 매우 궁금히 여기던 차이올시다. 그래, 지금은 쾌차하시오니까?"

＊하카마 일본옷의 겉에 입는 주름 잡힌 하의.
＊단장(短杖) 짧은 지팡이. 허리 높이까지 오며 손잡이가 꼬부라졌음.

여학생 "조금 낫습니다."

소년 "나도 근일에 몸이 대단히 곤하여 오늘도 종일 누웠다가 하도 울적하기에 신선한 공기나 좀 쏘여 볼까 하고 나왔더니, 비 끝에 달 빛이야 참 좋습니다. 그러나 추월색은 영인초창이라더니, 그야말로 사람의 마음을 정히 상하게 합니다그려, ……허 ……허 ……허."

여학생 "……."

소년 "그러나 산본* 노파 언제 만나보셨습니까?"

여학생 "산본 노파가 누구오니까?"

소년 "아따, 우리 주인 노파 말씀이오."

여학생 "글쎄요, 언제 만나보았던지요."

여학생의 대답이 그치자, 소년이 무슨 말을 할 듯 할 듯하다가 아니 하고 또 무슨 말을 하려고 입을 벙긋벙긋하다가 못 하더니 여학생의 얼굴을 다시 한 번 건너다보면서,

소년 "그 노파에게 무슨 말씀 들어 계시지요?"

여학생은 그 말을 들었는지 못 들었는지 아무 말 없이 비슥 돌아서며 이슬에 젖은 국화 가지를 잡고 맑은 향기를 두어 번 맡을 뿐인데, 구름 같은 살쩍과 옥 같은 반뺨이 모두 소년의 눈동자 속으로 들어간다. 그 소년은 그렇게 하기 어려운 말을 한 마디 간신히 하였건마는 여학생의 대답은 없으며, 물끄러미 한참 보다가 말 한 마디를 또 꺼내더라.

소년 "그 노파에게도 응당 자세히 들어 계시겠지마는, 한번 조용히 만나면 할 말씀이 무한히 많던 차올시다."

그 소년은 여학생을 만나 인사하고 수작 붙이는 모양이 매우 숙친도 한 듯이, 무슨 간절한 의논도 있는 듯이 노파를 업어 가며 말하는데, 그 말 속에 무슨 은근한 말이 또 들었는지 여학생은 그 말대답도 아니 하

---

* 산본(山本) 야마모토.

고 먼산을 한 번 바라보더니,

　　여학생　"아마 야심한 듯하니 집으로 돌아가겠습니다. 용서하십시
오."

하고 천천히 걸어 내려간다.

　　그 소년의 마음에는 어떤 욕망이 있는지 여학생의 대답하는 양을 들
어 보려고 그 말끝을 꺼낸 듯한데, 여학생은 냉연히 사절하는 모양이니
소년도 그 눈치를 알았을 듯하건마는 무슨 생각으로 내려가는 여학생
을 굳이 따라가며 이 말 저 말 또다시 한다.

　　소년　"괴로운 비가 개더니 달빛이야 참 좋습니다. 공원이란 곳은 원
래 풍경이 좋은 곳이지마는, 저 달빛이 몇 배나 공원의 생색을 더 냅
디다그려. 인간의 이별하고 만나는 인연은 실로 부평 같은 일이지마
는, 지금 우리가 이렇게 좋은 때와 이렇게 좋은 곳에서 기약 없이 만
나기는 참 뜻밖의 기회요그려……. 여보시오. 조금도 부끄러우실 것
없소. 서양 사람들은 신랑 신부가 직접으로 결혼한답디다. 우리도 소
개니 중매니 할 것 없이 직접으로 의논함이 좋지 않겠습니까?"

　　여학생　"다따가 그게 무슨 말씀이오?"

　　소년　"이렇게 생시치미 뗄 것 있소. 아까도 말씀하셨거니와 왜 노파
를 소개하여 의논하던 터이 아니오니까?"

　　여학생　"기다랗게 말씀하실 것 없습니다. 노파든지 누구든지 나는
이왕 결심한 바가 있다고 말한 이상에 당신은 번거로이 다시 말씀하
실 필요가 없습니다. 다른 일로나 교제하실 것이오, 그 말씀은 영구
히 단념하시오."

　　그 여학생과 소년의 수작이 이왕도 많이 언론되던 일인 듯한데, 여학
생은 이처럼 거절하니 소년이 사람스러운 터 같으면 이렇게 거절당할
듯한 말을 당초에 내지 아니하였을 터이오, 또 거절을 당하였으면 무안
하여도 저는 저대로 가서 달리나 운동하여 볼 것이건마는, 또 무슨 생

각이 그렇게 민첩하게 새로 생겼던지, 가장 정다운 체하고 여학생의 옆으로 바싹바싹 다가서더니,

　소년 "당신의 결심한 바는 내가 알려고 할 것 없거니와 저기 저것 좀 보시오. 어제같이 작작하던* 도화*가 어느 겨를에 다 날아가고, 벌써 가을 바람에 단풍이 들었소그려. 여보, 우리 인생도 저와 같이 오늘 청춘이 내일 백발은 정한 일이 아니오. 이처럼 무정한 세월이 살같이 빠른 가운데 손같이 잠깐 다녀가는 우리는 이 한세상을 이렇게도 지내고 저렇게도 지내 봅시다그려. 허…… 허…… 허…… 허…… 허."

　소년이 그렇게 공경하던 예모*가 다 어디로 가고 말 그치자 선웃음치며 여학생의 옥 같은 손목을 턱 잡으니 여학생은 기가 막혀서,

　여학생 "이것이 무슨 무례한 짓이오! 점잖은 이가 남녀의 예우*를 생각지 아니하고 이런 야만의 행위를 누구에게 하시오?"

하고 손목을 뿌리치는데,

　소년 "이렇게 큰 변 될 것 무엇 있소? 야만커녕 문명국 사람은 악수례만 잘들 하데……. 이렇게 접문례도 잘들 하고……. 하…… 하……."

하면서 한층 더해서 접문례를 하려고 달려드니, 여학생은 호젓한 곳에서 불의에 변괴를 당하매 분한 마음이 탱중하나 소년의 패행*이 이 지경에 이르렀으니, 아무리 생각하여도 방비할 계책과 능력은 하나도 없고 다만 준절한* 말로 달랜다.

　여학생 "여보시오, 해외에 유학도 하고 신사상도 있다는 이가 이런

＊ 작작(灼灼)하다　꽃이 핀 모양이 화려하고 찬란하다.
＊ 도화(桃花)　복숭아꽃.
＊ 예모(禮貌)　예절에 맞는 모양.
＊ 예우(禮遇)　예의를 지켜 정중히 대하는 것.
＊ 패행(悖行)　못된 행동.
＊ 준절(峻截)하다　매우 위엄이 있고 정중하다.

금수의 행실을 행코자 하면 어찌하자는 말씀이오. 당신은 섬부한 학문과 우월한 재화가 국가도 빛내고 천하도 경영하실 터이거늘, 지금 일개 여자에게 악행위를 더하고자 하심은 실로 비소망어평일이오그려. 어서 빨리 돌아가 회개하시고, 다시 법률에 저촉치 않기를 부디 주의하시오."

소년 "법률이니 도덕이니 그까짓 말은 다 해 쓸데 있나. 꽃 같은 남녀가 이런 좋은 곳에서 만났다가 어찌 무료히 그저 헤져 갈 수 있나……. 하…… 하…… 하…… 하……."

소년은 삼천장* 무명업화*가 남아메리카 주 딘보라소 활화산 화염 치밀 듯하여 예절이니 염치니 다 불고*하고 음흉 난잡한 말을 함부로 뒤던지며 여학생의 가늘고 약한 허리를 덤썩 안고 나무 수풀 깊고 깊은 곳, 육모정 속 어두컴컴한 구석으로 들어가니, 이 때 형세가 솔개 병아리 찬 모양이라.

여학생은 호소할 곳도 없이 기가 막히는 경우를 만나매 악이 바짝 나서 모만사*하고 젖 먹던 힘을 다 써서 항거하노라니, 두 몸이 한데 뒤틀어져서 이리로 몰리고 저리로 몰리며 죽을지 살지 모르고 서로 상지한* 다. 어떤 사람이든지 제 욕망을 채우지 못하면 화증이 나는 법이라, 소년은 불 같은 욕심을 이기지 못하는 중 여학생이 죽기를 한하고 방색하는* 양에 화증이 왈칵 나며 화증 끝에 악심이 생겨서 왼손으로는 여학생의 젖가슴을 잔뜩 움켜잡고 오른손으로는 양복 허리에서 단도를 빼어 들더니,

---

* **삼천장**(三千丈) 불교의 세계관으로 모든 것을 망라함.
* **무명업화**(無明業火) 불같이 성낸 마음이나 깨우치지 못한 데서 오는 나쁜 마음.
* **불고**(不顧) 돌보지 않는 것.
* **모만사**(冒萬死) '만 년 죽기를 무릅쓴다'는 뜻으로, 온작 어려움을 무릅쓰는 것.
* **상지**(相持)**하다** 양보하지 않고 서로 자기 의견을 고집하다.
* **방색**(防塞)**하다** 남의 청을 받아들이지 않고 막다.

소년 "요년아, 너 요렇게 악지부리는 이유가 무엇이냐? 소위 너의 결심하였다는 것이 무슨 그리 장한 결심이냐. 너 이년, 너의 꽃다운 혼이 당장 이 칼끝에 날아갈지라도 너는 네 고집대로 부리고 장부의 가슴에 무한한 한을 맺을 터이냐?"

여학생 "오냐, 죽고 죽고 또 죽고 만 번 죽을지라도 너같이 개 같은 놈에게 실절*은 아니 하겠다."

그 말에 소년의 악심이 더욱 심하여 말이 막 그치자 번쩍 들었던 칼을 그대로 푹 찌르는데, 별안간 한 모퉁이에서 어떤 사람이,

"이놈아, 이놈아!"

소리를 지르며 급히 쫓아오는 바람에 소년은 깜짝 놀라 여학생 찌르던 칼도 미처 뽑을 새 없이 삼십육계의 줄행랑을 하고 여학생은,

"애고머니!"

한 마디 소리에 기절하고 땅에 넘어지니 소슬한 한풍은 나무 사이에 움직이고 참담한 월색은 서천에 기울어졌더라.

소리지르고 오는 사람은 중산 모자 쓰고 프록 코트 입은 청년 신사인데, 마침 예비해 두었던 것같이 달려들며 여학생의 몸에 박힌 칼을 빼어 들더니, 가만히 무슨 생각을 한참 하는 판에 행순하던 순사가 두어 마디 이상한 소리를 듣고 차츰차츰 오다가 이 곳에 다다르매 꽃봉오리 같은 여학생은 몸에 피를 흘리고 땅에 누웠고, 그 옆에는 어떤 청년이 손에 단도를 들고 섰으니 그 청년은 갈 데 없는 살인범이라.

순사가 그 청년을 잡고 박승을 꺼내더니 다짜고짜로 청년의 손목을 척척 얽어 놓고 호각을 '호로록호로록' 부니, 군도 소리가 여기서도 제 걱제걱하고 저기서도 제걱제걱하며 경관이 네다섯 모여들어 여학생은 급히 병원으로 호송하고 그 청년은 즉시 경찰서로 압거하니, 이 때 적

---

* 실절(失節) 절개를 굽힘.

요한 빈 공원에 달 흔적만 남았더라.

그 여학생은 조선 사람이요, 이름은 이정임인데, 이 시종 ○○의 딸이라. 자식 사랑하는 마음이야 누가 없으리요마는, 이정임의 부모 이 시종 내외는 늦게 정임을 낳으매 슬하 혈육이 다만 일개 여자뿐인 고로 그 애지중지함이 남에서 특별히 귀하게 여기는 터인데, 그 이 시종의 옆집에 사는 김 승지 ○○는 이 시종의 죽마고우일 뿐 아니라 서로 지기하는 친구인데, 그 김 승지도 역시 늙도록 아들이 없어 슬퍼하다가 정임이 낳던 해에 관옥 같은 남자를 낳으니, 우없이 기뻐하여 이름은 영창이라 하고 더할 것 없이 귀하게 기르는 터이라. 이 시종은 김 승지를 만나면,

"자네는 저러한 아들을 두었으니 마음이 오죽 좋겠나. 나는 일개 여아나마 남달리 사랑하네."

하며 이야기하고 서로 친자식같이 귀애하니, 그 두 집 가정에설지라도 서로 사랑하기를 남의 자손같이 여기지 아니하더라.

그 두 아해가 두 살 되고 세 살 되어 걸음도 배우고 말도 옮기매, 놀기도 함께 놀고 장난도 서로 하여 친형제와 같이 정다우며 쌍둥이와 같이 자라는데, 자라 갈수록 더욱 심지가 상합하여 글도 같이 읽고, 좋은 음식을 보아도 나누어 먹으며, 영창이가 아니 오면 정임이가 가고, 정임이가 아니 가면 영창이가 와서 잠시도 서로 떠나지 아니하여 그 정분이 점점 깊어 가더라.

그 두 아해가 나이도 동갑이요, 얼굴도 비슷하고 청의도 한뜻 같으나, 다만 같지 아니한 것은 계집아해와 사나이인 고로 정임의 부모는 영창이를 보면 대단히 부러워하고, 영창의 부모는 정임이를 보면 매우 탐을 내는 터인데, 정임이 일곱 살 먹던 해 정월 대보름날 저녁에 이 시종이 술이 얼근히 취하여 마누라를 부르고 좋은 낯으로 들어오는지라,

부인은 마루로 마주 나가며,

　　부인 "어데서 저렇게 약주가 취하셨소?"

　　이 시종 "오늘이 명일 아니오. 김 승지하고 술을 잔뜩 먹었소. 노래*
　　에 정 붙일 것은 술밖에 없소그려……. 허…… 허……."

하면서 앞서거니 뒤서거니 방으로 들어오더니,

　　이 시종 "마누라, 오늘 정임이 혼사를 확정하였소……. 저희끼리 정
　　답게 노는 영창이하고……."

　　부인 "그까짓 바지 안에 똥 묻은 것들을 정혼이 다 무엇이오니까,
　　하…… 하……."

　　이 시종 "누가 오늘 신방을 차려 주나……. 그래 두었다가 아무 때
　　나 저희들 나이 차거든 초례시키지……. 마누라는 일상 영창이 같은
　　아들 하나 두었으면 좋겠다고 한탄하지 아니했소. 사위는 왜 아들만
　　못한가요? ……이애 정임아, 오늘은 영창이가 어째 아니 왔느냐?"

하는 말끝이 떨어지기 전에 영창이가 문을 열고 들어오며,

　　영창 "정임아, 정임아, 우리 아버지는 부럼 많이 사 오셨단다. 부럼
　　깨 먹으러 우리 집으로 가자……. 어서…… 어서……."

　　이 시종 "허…… 허…… 허, 우리 사위 오시나, 어서 들어오게. 자네
　　집만 부럼 사 왔다던가. 우리 집에도 이렇게 많이 사 왔다네."

하고 벽장문을 열고 호두, 잣을 내주며 귀한 마음을 이기지 못하며 농
지거리를 붙이며 이런 말 저런 말 하다가 사랑으로 나가고, 정임이와
영창이는 부럼을 까 먹으며 속달거리고 이야기하는데,

　　영창 "이애 정임아, 나는 너한테로 장가가고 너는 나한테로 시집온
　　다더라."

　　정임 "장가는 무엇하는 것이요, 시집은 무엇하는 것이냐?"

---

* 노래(老來) 늘그막.

영창 "장가는 내가 너하고 절하는 것이요, 시집은 네가 우리 집에 와서 사는 것이라더라."

정임 "이애, 누가 그러더냐?"

영창 "우리 어머니가 말씀하시는데 너의 아버지하고 우리 아버지하고 그렇게 이야기하셨다더라."

정임 "이애, 나는 너의 집에 가서 살기 싫다. 네가 우리 집으로 시집오너라."

두 아해는 밤이 깊도록 이렇게 놀다가 헤어져 갔는데, 그 후부터는 정임의 집에서도 영창이를 자기 사위로 알고 영창의 집에서도 정임이를 자기 며느리로 인정하여 두 집 관계가 더욱 친밀해지고, 그 두 아해들도 혼인이 무엇인지 부부가 무엇인지 의미는 알지 못하나 영창은 정임에게로 장가갈 줄로 생각하고, 정임은 영창에게로 시집갈 줄로 알더라.

　정임과 영창이가 이처럼 정답게 지내더니, 영창이 열 살 되던 해 삼월에 김 승지가 초산 군수로 서임되니 가족을 데리고 즉시 군아에 부임할 터인데, 정임과 영창이가 서로 떠나기를 애석히 여기는 고로 이 시종 집에서는 가권을 솔거하는* 것이 불가하다고 권고하나, 김 승지는 가계가 원래 유족치 못한 터이라, 군수의 박봉을 가지고 식비와 교제비를 제하면 본가에 보낼 것이 남지 아니하겠으니 가족을 데리고 가는 것이 필요가 될 뿐 아니라, 설령 가사는 이 시종에게 전혀 부탁하여도 무방하겠지마는, 김 승지는 자기 아들 영창을 잠시라도 보지 못하면 애정을 이기지 못하여 침식이 달지 아니한 터인 고로, 부득이하여 부인과 영창을 데리고 초산으로 떠나가는데, 가는 노정은 인천으로 가서 기선을 타고 수로로 갈 작정으로 상오 9시 남대문발 인천행 열차로 발정할* 새 정임이는 남대문역에 나아가서 방금 떠나는 영창의 손을 잡고 서로 친절히 전별한다.

　정임　"영창아, 너하고 나하고 잠시를 떠나지 못하다가 네가 저렇게 멀리 가면 나는 놀기를 누구하고 같이 놀고, 글은 누구하고 같이 읽으며, 너를 보고 싶은 생각을 어떻게 참는단 말이냐."

　영창　"나도 너를 두고 멀리 가기는 대단히 섭섭하다마는, 우리 아버지 어머니가 나를 보고 싶어하실 생각을 하면 떨어져 있을 수 없고나. 오냐, 잘 있거라. 내 쉽사리 올라오마.

　정임은 품에서 사진 한 장을 꺼내더니 그 뒷등에 '경성 중부 교동 339'라고 써서 영창이를 주며,

＊ 솔거(率居)하다　여러 사람을 거느리고 가다.
＊ 발정(發程)하다　길을 떠나다.

정임 "이것 보아라. 이것은 내 사진이요, 이 뒷등에 쓴 것은 우리 집 통호수다. 만일 이 사진을 잃든지 통호수를 잊어버리거든 삼삼구만 생각하여라."

영창이는 사진을 받아들고 그 말대답도 미처 못 해서 기적 소리가 '뽕뽕' 나며 차가 떠나고자 하니 정임은 급히 차에서 내려서 스르르 나가는 유리창을 향하여,

"부디…… 잘 가거라."

하며 옷깃에 방울방울 떨어지는 눈물을 씻는데, 기관차 연통에서 검은 연기가 물큰물큰 올라가며 차는 살 닫듯 하여 어느 겨를에 간 곳도 없고 다만 용산강 언덕 위에 멀리 의의한 버들빛만 머물렀더라.

정임이는 영창이를 전송하고 초창한 마음을 이기지 못하여 집까지 울고 들어오니, 이 시종의 부인도 섭섭한 마음을 이기지 못하던 차에 자기 귀한 딸이 울고 들어오는 것을 보고 눈물을 흘리다가, 좋은 말로 영창이는 속히 다녀온다고 그 딸을 위로하고 달래었는데, 정임이는 어린아해라 어찌 부처될 사람의 인정을 알아 그러하리오마는, 같이 자라던 정리로 영창의 생각을 한시도 잊지 못하여 제 눈에 좋은 것만 보면 영창이에게 보내 준다고 꼭꼭 싸 두었다가 인편 있을 적마다 보내기도 하고, 영창의 편지를 어제 보았어도 오늘 또 오기를 기다리며, 꽃 피고 새 울 때와 달 밝고 눈 흴 적마다 시름없이 서천을 바라고 눈썹을 찡기더라.

정임이가 영창이 생각하기를 이렇듯 괴롭게 그 해 일 년을 십 년같이 다 지내고, 그 이듬해 봄이 차차 되어 오매 영창이 오기를 기다리는 마음이 자연 생겨서, '떠날 때에 쉽사리 온다더니 일 년이 지나도록 어찌 아니 오노.' 하고 문 밖에서 자취 소리만 나도 아마 영창이가 오나 보다, 아침에 까치가 울어도 아마 영창이가 오나 보다 하여 하루에도 몇

번씩 문 밖을 내다보더니 하루는 안마당에서 바삭바삭하는 소리에 창문을 열어 보니, 사람은 아무도 없고 회오리바람이 뺑뺑 돌다가 그치는데, 일기가 어찌 화창한지 희고 흰 면회 담에 아지랑이가 아물아물하며 멀리 들리는 버들피리 소리가 사람의 회포를 은근히 돋우는지라, 어린 마음에도 별안간 울적한 생각이 나서 후정*을 돌아가 거닐다가 보니 도화가 웃는 듯이 피었거늘, 가늘고 가는 손으로 한 가지를 뚝 꺾어 가지고 들어오며,

　　정임 "어머니, 도화가 이렇게 피었으니 작년에 영창이 떠나던 때가 벌써 되었습니다그려."

　　부인 "참, 세월이 쉽기도 하다. 어제 같던 일이 벌써 돌이로구나."

　　정임 "영창이는 올 때가 되었는데 왜 아니 옵니까? 요 사이는 편지도 보름이 지나도록 아니 오니 웬일인지 궁금합니다."

　　부인 "아마 쉬 올 때가 되니까 편지도 아니 오나 보다."

　　정임 "아니, 그러면 올라올 때에 입고 오게 겹옷이나 보내 줍시다. 아버지가 들어오시거든 소포 부칠 돈을 달래야지요."

하며 장문을 열고 새로 지어 차곡차곡 넣어 두었던 면주 겹바지 저고리와 분홍 삼팔두루마기를 내어 백지로 두어 번 싸고, 그 거죽에 유지로 또 한 번 싸서 노끈으로 열 십(十)자 우물 정(井)자로 이리저리 얽을 즈음에, 이 시종이 이마에 내 천(川)자를 쓰고 얼굴에 외꽃이 피어서 들어오더니,

　　이 시종 "원…… 이런 변괴가 있나……. 응응……."

　　부인 "변괴가 무슨 변괴오니까?"

　　이 시종 "응응…… 응응……."

　　부인 "갑갑하니, 어서 말씀 좀 하시오."

＊후정 뒤꼍.

이 시종 "초산서 민요*가 났대여."

부인 "민요가 났으면 어떻게 되었단 말씀이오?"

이 시종 "어떻게 되고말고, 기가 막혀 말할 수 없어. 이 내부에 온 보고 좀 보아."

하고 평북 관찰사의 보고 베낀 초를 내어 부인의 앞으로 던지는데, 그 집은 원래 문한가*인 고로 그 부인의 학문도 신문 한 장은 무난히 보는 터이라 부인이 그 보고초를 집어들더니,

(보고서)

관하 초산군에서 거 이월 이십팔일 하오 삼시경에 난민 천여 명이 불의에 취집하여 관아에 충화하고 작석을 난투하와 관사와 민가 수백 호가 연소하옵고, 민간 사상이 십여 인에 달하여 야료 난폭하므로 강계 진위대에서 병졸 일 소대를 급파하여 익일 상오 십시에 총히 진압되었사온데, 해 군수와 급 기 가족은 행위 불명하옵기 방금 조사중이오나 종내 종적을 부지하겠사오며, 민요 주창자는 엄밀히 수색한 결과로 장두 오 인을 포박하여 본부에 엄수하옵고 자에 보고함.

부인이 보고초를 보다가 깜짝 놀라며,

부인 "이게 웬일이오. 세 식구가 다 죽었나 보구려."

하는 말에 정임이는 정신이 아득하여 얼굴빛이 하얘지며 아무 말 못 하고 그 모친을 한참 보다가 싸던 옷보를 스르르 놓더니 눈에서 구슬 같은 눈물이 쑥쑥 쏟아지며 목을 놓고 우니 부인도 여린 마음에 정임이 우는 것을 보고 따라 우는데, 이 시종은 영창이 생각도 둘째가 되고, 평생에 지기하던 친구 김 승지를 생각하고 비참한 마음을 억제치 못하여

---

* 민요(民擾) 백성들이 일으킨 소요.
* 문한가(文翰家) 대대로 문필가가 난 집안.

정신 없이 앉았다가, 다시 마음을 정돈하고 우는 정임이를 위로한다.

이 시종 "어찌 된 사기를 자세히 알지도 못하고 울기는 왜들 울어. 정임아, 그쳐라. 내일은 내가 초산에 내려가서 자세히 알아보겠다. 설마 죽기야 하였겠느냐. 참 이상도 하다. 김 승지는 민요 만날 사람이 아닌데 그게 웬일이란 말이냐. 그러나 인자는 무적이라는데, 김 승지같이 어진 사람이 죽을 리는 없으리라……. 김 승지가 마음은 군자요 글은 문장이로되, 일에 당하여서는 짝없이 흐리겠다……."

이런 말로 정임의 울음을 만류하고 가방과 양탄자를 내어 내일 초산 떠날 행장을 차려 놓고 세 사람이 수색이 만면하여 묵묵히 앉았더니, 하인이 저녁상을 들여다 놓고 부인을 대하여 위로하는 말이,

"놀라운 말씀이야 어찌 다 하오리까마는, 설마 어떠하오리까. 너무 걱정 마시고 진지 어서 잡수십시오."

하고 나가는데, 정임이는 밥 먹을 생각도 아니하고 치마끈만 비비 틀며 쪼그리고 앉았고, 이 시종과 부인은 상을 다가 놓고 막 두어 술쯤 뜨는 때에 어디서,

"불이야, 불이야!"

하는 소리가 들리며 안방 서창에 연기 그림자가 뭉글뭉글 비치고, 마루 뒷문 밖에는 화광이 충천하니, 밥 먹던 이 시종은 수저를 손에 든 채로 급히 나가 보니, 자기 집 굴뚝에서 불이 일어나서 한끝은 서로 돌아 부엌 뒤까지 돌고, 한끝은 동으로 뻗쳐 건넌방 머리까지 나갔는데, 솔솔 부는 북서풍에 비비 틀려 돌아가는 불길이 눈깜짝할 사이에 온 집 안에 핑 도니 이 시종 집 사람들은 발을 동동 구르나 어찌할 수 없으며, 여간 순검 헌병깨나 와서 우뚝우뚝 섰으나 다 쓸데없고, 변변치 못하나마 소방대도 미처 오기 전에 봄볕에 바싹 마른 집이 전체가 다 타 버리고, 그뿐 아니라 화불단행이라고 그 옆으로 한데 붙은 김 승지 집까지 일시에 소존성이 되었더라.

행장을 싸 놓고 내일 아침 일찍이 초산 떠나려고 하던 이 시종은 뜻밖에 낙미지액*을 당하여 가족이 모두 노숙하게 된 경위에 있으니 어찌 먼 길을 떠날 수 있으리요. 민망한 마음을 억지로 참고 급히 빈 집을 구하여 북부 자하동 일백팔통 십호 삼십구간 와가*를 사서 겨우 안돈하고 나매 벌써 일 주일이 지났으나, 초산 소식은 종시 묘연하니 자기와 김 승지의 관계가 정리로 하든지 의리로 하든지 생사간에 한번 아니 가 보지 못할 터이라. 삼 주일 수유*를 얻어 가지고 즉시 떠나 초산을 내려가 보니 읍내는 자기 집 모양으로 빈터에 탄 재뿐이요, 촌가는 강계 대병정이 와서 폭민 수색하는 통에 다 달아나고 개미 새끼 하나 볼 수 없으니 군수의 거취를 물어 볼 곳도 없는지라, 그 인근 읍으로 다니며 아무리 탐지하여도 종내 김 승지의 소식은 알 수 없고, 단지 들리는 말은 초산 군수가 글만 좋아하고 술만 먹는 고로 정사는 모두 간활한 아전의 소매 속에서 놀다가 마침내 민요를 만났다는 말뿐이라. 하릴없이 근 이십 일 만에 집으로 돌아오니, 그 부친이 다녀오면 영창의 소식을 알까 하고 눈이 빠지도록 기다리던 정임이는 낙심 천만하여 한없이 비창히 여기는 모양은 눈으로 차마 볼 수 없더라.

이 시종이 초산서 집에 돌아온 지 제 삼 일 되던 날 관보에 '시종원 시종 이 ○○ 의원 면 본관' 이라 게재되었으니, 이 때는 갑오개혁 정책이 실패된 이후로 점점 간영이 금달*에 출입하여 뜻 있는 사람은 일병 배척하는 시대인 고로, 어떤 혐의자가 이 시종 초산 간 사이를 엿보고 성총에 모함한 바이라. 이 시종은 체임된 후로 다시 세상에 나번득일 생각이 없어 손(손님)을 사절하고 문을 닫으니 꽃다운 풀은 뜰에 가득

---

* 낙미지액(落眉之厄) 눈앞에 닥친 재앙.
* 와가(瓦家) 기와집.
* 수유(受由) 말미.
* 금달 궁중의 합문.
* 〈소학(小學)〉 중국 송나라의 유자징이 주희의 가르침을 받아 지은 책.

하고, 문전에 거마가 드물어 동네 사람이라도 그 집이 누구의 집인지 알지 못할 만치 되었더라.

이 시종은 이로부터 티끌 인연을 끊어 버리고 꽃과 새로 벗을 삼아 만년을 한가히 보내고, 정임이는 그 부친에게 〈소학〉*을 배워 공부하며 깊고 깊은 규중에서 적적히 지내는데, 영창이 생각은 때때로 암암하여 영창이와 같이 가지고 놀던 유희 제구만 눈에 띄어도 초창한 빛이 눈썹 사이에 가득하며, 혹 꿈에 영창이를 만나 재미있게 놀다가 섭섭히 깨어 볼 때도 있을 뿐 아니라 한 해 두 해 지나 철이 차차 나갈수록 비감한 마음에 더욱 결연하여 〈여편〉을 읽을 적마다 소리 없는 눈물도 많이 흘리는 터이건마는, 이 시종 내외는 정임의 나이 먹는 것을 민망히 여겨 마주앉기만 하면 항상 아름다운 새 사위 구하기를 근심하고 김 승지 집 이야기는 입 밖에 내지도 아니하더라.

임염*한 세월이 흐르는 듯하여 정임의 나이 어언간 십오 세가 되니, 그 해 칠월 열이렛날은 이 시종의 회갑이라. 그 날 수연* 잔치 끝에 손은 다 헤져 가고 넘어가는 해가 서산에 걸렸는데, 이 시종 내외는 저녁 하늘 저문 놀빛과 푸른 나무 늦은 매미 소리 손마루 북창 앞에 나란히 앉아서 늙은 회포를 서로 이야기한다.

이 시종 "포말풍등이 감가련*이라더니 사람의 일생이야 참 가련한 것이야. 어제 같던 우리 장춘이 어느 겨를에 벌써 회갑일세. 지나간 날이 이렇듯 쉬 갔으니 죽을 날도 이렇게 쉬 오겠지. 평생에 사업 하나 못 하고 죽을 날이 가까우니 한심한 일이오그려."

---

* 〈소학(小學)〉 중국 송나라의 유자징이 주희의 가르침을 받아 지은 책.
* 임염 차츰차츰 세월이 지나거나 일이 진행되어 감.
* 수연(壽宴) 장수를 축하하는 잔치.
* 포말풍등(泡沫風燈)이 감가련 '물거품 바람 앞 등잔이 가히 불쌍하더라.'는 뜻.

부인 "그러기에 말씀이오. 죽을 날은 가까우나 쓸 만한 자식도 하나 못 두었으니 우리는 세상에 난 본의가 없소그려. 정임이 하나 시집가고 보면 이 만년의 신세를 누구에게 의탁한단 말씀이오."

이 시종 "그렇지마는 나는 양자할 마음은 조금도 없어. 얌전한 사위나 얻어서 아들같이 다리고 있지."

부인 "그러한들 사위가 자식만 하겠습니까마는 하기는 우리 죽기 전에 사위나마 얻어야 하겠습니다……. 사위 고르기는 며느리 얻기보다 어렵다는데 요새 세상 청년들 눈여겨보면 그 경박한 모양이 모다 제집 결딴내고 나라 망할 자식들 같습니다. 사위 재목도 조심해 구할 것이야요."

이 시종 "그야 무슨, 다 그럴라구. 그런 집 자식이 그렇지."

이렇게 수작하는 때에 어떤 사람이 사랑 중문간에서,

"정임아, 정임아."

부르며,

"안손님 아니 계시냐?"

하고 묻더니 큰기침 두어 번 하고 들어오면서,

어떤 사람 "누님, 저는 가겠습니다."

부인 "그렇게 속히 가면 무엇하나? 저녁이나 먹고 이야기나 하다가 달 뜨거든 천천히 가게그려. 어서 올라와……."

부인은 그 사람을 이처럼 만류하며 하인을 불러서,

"술상을 차려 오너라. 진지를 지어서 가져오너라."

하는데 그 사람은 정임이 외삼촌이라.

수연 치하하고 집으로 돌아갈 터인데, 그 누님의 만류하는 정의를 떼치지 못하여 마루로 올라와 앉더니 건넌방 문 앞에 섰는 정임이를 한참 보다가,

외삼촌 "정임이는 금년으로 몰라보게 자랐습니다그려. 오래지 아니

하여 서랑* 보시게 되었는데요. 어찌하려오."

이 시종 "그까짓년 키만 엄부렁하면 무엇하나. 배운 것이 있어야 시집을 가지."

부인 "그러지 아니하여도 우리가 지금 그 걱정일세. 혼처나 좋은 데한 곳 중매하게그려……."

외삼촌 "중매 잘못하면 뺨이 세 번이라는데 잘못하다가 뺨이나 얻어맞게요……. 하…… 하……."

부인 "생질 사위 잘못 얻는 것은 걱정 없고 뺨 맞는 것만 염려되나……, 하…… 하……."

이 시종 "허…… 허…… 허…… 허……."

외삼촌 "혼처는 저기 좋은 곳 있습디다. 옥동 박 과장의 셋째 아들인데 나이는 열일곱 살이요, 공부는 재작년에 사법 소학교를 졸업하고 즉시 관립 중학교에 입학하여 올해 삼학년이 되었답디다. 그 아해는 저의 팔촌 처남의 아들인데 그 집 문벌도 훌륭하고 가세도 불빈할 뿐 아니라 제일 낭자의 얼굴도 결곡하고 재주도 초월하여 내 마음에는 매우 합당합디다마는 매부 의향에 어떠하신지요?"

이 시종의 귀에 그 말이 번쩍 띄어,

"응, 그리해. 합당하면 하다마다. 자네 마음에 합당하면 내 의향에도 좋지 별수 있나. 나는 양반도 취치 않고 부자도 취치 않고, 다만 신랑 하나만 고르네."

하면서 매우 기뻐하고, 정임이 외삼촌은 이런 이야기를 밤이 되도록 하다가 갔는데, 그 후로는 신랑의 선을 본다는 둥 사주를 받는다는 둥 하더니, 하루는 이 시종이 붉은 간지를 내어 '팔월 십사일 전안 납채* 동일 선행'이라 써서 다홍실로 허리를 매어 놓고 부인과 의논해 가며 신

---

* 서랑 남의 사위를 높여 일컫는 말.
* 납채(納采) 신랑 집에서 신부 집에 혼인을 구하는 의례.

랑의 의양단자*를 적는다. 정임이는 영창이 생각을 잊을 만하다가도 시집이니 장가니 혼인이니 사위니 하는 말을 들으면 새로이 생각이 문득 문득 나는 터이라. 외삼촌이 혼처 의논할 때에도 영창이 생각이 뼈에 사무쳐서 건넌방으로 들어가 눈물을 몰래 씻으며 속마음으로, '부모가 나를 이왕 영창에게 허락하였으니, 나는 죽어 백골이 되어도 영창의 안해*라. 비록 영창이는 불행하였을지라도 나는 결코 두 사람의 처는 되지 아니할 터이요, 저 아저씨는 아무리 중매한다 하여도 입에 선바람만 들일걸.' 하는 생각이 뇌수에 맺혔으니 여자의 부끄러운 마음으로 그 부모에게는 아무 말도 못 하고 지내던 터이더니, 택일단자 보내는 것을 보매 가슴이 선뜩하고 심기가 좋지 못하여 몸을 비비 틀며 참다가 못하여 그 모친의 귀에 대고 응석처럼 가만히 하는 말이라.

정임 "나는 시집가기 싫어."

부인 "이년, 계집아해년이 시집가기 싫은 것은 무엇이고, 좋은 것은 무엇이냐."

이 시종 "그년이 무엇이래, 나중에는 별 망측한 말을 다 듣겠네."

정임 "아버지 어머니 보고 싶어 시집가기 싫어요."

부인 "아비 어미 보고 싶다고 평생 시집 아니 갈까, 이 못생긴 년아."

부인의 말은 철모르는 말로 돌리는 말이라 정임이는 정색하고 꿇어앉으며,

정임 "그런 것이 아니올시다. 아버지께서 열녀는 불경이부라는 글 가르쳐 주셨지요. 나를 이왕 영창이와 결혼시키고, 지금 또 시집보낸다 하시니, 부모가 한 자식을 두 사람에게 허락하시는 법이 있습니까. 아무리 영창이 종적은 알지 못하나 다른 곳으로 시집가기는 죽어

---

* 의양단자(衣樣單子) 신랑이나 신부의 옷의 치수를 적은 단자.
* 안해 아내.

도 아니하겠습니다."

이 시종이 그 말을 듣더니 벌떡 일어서며 정임의 머리채를 휘어잡고 평생에 손찌검 한 번 아니 하던 그 딸을 여기저기 함부로 쥐어박으며,

이 시종 "요년, 요 못된 년, 그게 무슨 방정맞은 말이냐. 요년, 혓줄기를 끊어 놓을라. 네가 영창이 예단*을 받았단 말이냐, 네가 영창이와 초례*를 지냈단 말이냐? 네가 간 데 없는 영창이 생각하고 시집 못 갈 의리가 무엇이란 말이냐, 아무리 어린 년인들."

하며 죽일 년 잡쥐듯 하니 부인은 겁이 나서,

부인 "고만두시오. 그년이 어린 마음에 부모를 떨어지기 싫어서 철모르고 하는 말이지요. 어서 고만 참으시오."

이 시종 "요년이 어디 철몰라서 하는 말이오? 제 일생을 큰일내고 부모의 가슴에 못 박을 년이지…… . 우리가 저 하나를 길러서 죽기 전에 서방이나 얻어 맡겨 근심을 잊을까 하는 터에…… 요년이…… ."

하며 또 한참 때려 주니, 부인은 놀랍고 가엾은 마음에 살이 떨리고 가슴이 저려서 달려들며 이 시종의 손목을 잡고 정임이 머리를 뜯어 놓아 간신히 말렸더라.

이 시종은 원래 구습을 개혁할 사상이 있는 터인 고로, 설령 그 딸이 과부가 되었을지라도 개가라도 시킬 것이요, 결혼하였던 것을 거리껴서 딸의 일평생을 그르치지 아니할 사람이라. 정임의 가슴 속의 철석같이 굳은 마음은 알지 못하고 다만 자기 속마음으로, '정임이 말도 옳지 아니한 바는 아니로되, 내 생각을 하든지 정임이 생각을 하든지 소소한 일로 전정에 대불행을 취함이 불가하다.' 생각하며 정임이를 압제 수단으로 그런 말은 다시 못 하게 하여 놓고 그 날부터 침모를 부른다, 숙수*

＊예단　예폐를 적은 단자. 예폐란 고마움과 공경하는 뜻으로 보내는 물품.
＊초례　혼인 지내는 예식.
＊숙수　잔치 때 음식을 만드는 사람.

를 앉힌다 하여 바삐바삐 혼례를 준비하는데, 받아 놓은 날이라 눈깜짝할 사이에 벌써 열사흘날 저녁이 되었으니, 그 이튿날은 백마 탄 새신랑이 올 날이라. 정절이 옥 같은 정임의 마음이야 과연 어떠하다 하리오.

건넌방에 혼자 누웠으니, 이 생각 저 생각 별 생각이 다 난다. 부모의 뜻을 순종하자 하니 인륜의 죄인이 되어 지하에 가서 영창을 볼 낯이 없을 뿐 아니라, 이는 부모의 뜻을 순종함이 아니요 곧 부모를 옳지 못한 사람을 만드는 것이오, 부모의 뜻을 좇지 아니하자 하니 그 계책은 죽는 수밖에 없는데, 늙은 부모를 두고 참혹히 죽으면 그 죄는 차라리 시집가는 것이 오히려 경할지라. 아무리 생각하여도 어찌할 줄 모르다가 또 한 생각이 문득 나며 혼자말로, '시집이란 것이 다 무엇 말라 죽은 것이야. 서양 사람은 시악시 부인도 많다더라.' 하고 벌떡 일어서서 안방으로 들어가 보니, 그 부모는 잔치 분별하기에 종일 곤뇌하다가 막 첫잠이 곤히 든 모양이라.

문갑 서랍의 열쇠패를 꺼내 가지고 골방으로 들어가 금고를 열고 십 원권, 오 원권을 있는 대로 집어 내어 손가방에 넣어서 들고 나오니 시계는 아홉 점을 땡땡 치는데, 안팎으로 들락날락하며 와글와글하던 사람들은 하나도 없이 괴괴하고, 오동나무 그림자는 뜰에 가득하며 벽 틈에 여치 소리가 짤깍짤깍할 뿐이라. 다시 건넌방으로 들어가 종이를 내어 편지 써서 자리 위에 펴놓고 나와서, 그 길로 대문을 나서며 한 번 돌아보니 부모의 생각이 마음을 찌르나, 억지로 참고 두어 걸음에 한 번씩 돌아보며 효자문 네거리 와서 인력거를 불러 타고 남대문 밖을 나서니, 이 때 가을 하늘에 얇은 구름은 고기 비늘같이 조각조각 연하고, 그 사이로 한 바퀴 둥근 달이 밝은 광채를 잠깐 자랑하고 잠깐 숨기는데, 연약한 마음이 자연 상하여 흐르는 눈물을 씻고 또 씻는 사이에 벌써 인력거채를 덜컥 놓는데 남대문 정거장에서 요령 소리가 덜렁덜렁 나며 붉은 모자 쓴 사람이,

"후산, 후산 오이데마센카(부산, 부산 안 가시렵니까)."
하고 외는 소리가 장마 속 논골에 맹꽁이 끓듯 하니, 이 때는 하오 십시 십오분 부산 급행차 떠나는 때라. 인력거에서 급히 내려 동경까지 가는 연락차표를 사 가지고 이등열차로 오르니, 호각 소리가 '호로록' 나며 기관차에서 '파 푸 파 푸' 하고 남대문이 점점 멀어지니, 앞길의 운산은 창창하고 차 뒤의 연하는 막막하더라.

그 빠른 차가 밤새도록 가다가 그 이튿날 아침에 부산에 도착하니, 안방에서 대문 밖도 자세히 모르고 지내던 정임이는 처음 이렇게 멀리 온 터이라. 집에 있을 때에 동경을 가자면 남문역에서 연락차표를 사 가지고 부산 가서 연락선 타고 하관*까지 가고, 하관서 동경 가는 차를 다시 타고 신교역에서 내린다는 말을 듣기는 들었지마는, 남문역에서 부산까지는 왔으나 연락선 정박한 부두 가는 길을 알지 못하여 정거장 머리에서 주저주저하다가,
"화륜선 타는 선창을 어데로 가오?"
하고 물으매 이 사람도 물끄러미 보고 저 사람도 물끄러미 보니, 정임이가 집 떠날 때에 머리는 전번같이 땋은 채로 옷은 분홍 춘사 적삼, 옥색 모시 다린 치마 입었던 채로 그대로 쑥 나온 그 모양이라, 누가 이상히 보지 아니하리오. 그 많은 내외국 사람이 모두 여겨 보더니, 그 중에 어떤 사람이 아래위를 한참 훑어보다가,
"여보 작은아씨, 이리 와. 내가 부두까지 가는 길을 가르쳐 줄 터이니."
하고 앞서서 가는데, 말쑥이 비치는 통량갓 속으로 반드르한 상투는 외로 똑 떨어지고 후줄근한 왜사 두루마기는 기름때가 조르르 흘렀더라.

---

* 하관(下關) 시모노세키.

정임이가 약기는 참새 굴레 쌀만하지마는 세상 구경은 처음 같은 터이라, 다른 염려 없이 그 사람을 따라 부두로 나가는데, 부두로 갈 것 같으면 사람 많이 다니는 탄탄대로로 갈 것이건마는 이 사람은 정임이를 끌고 꼬불꼬불하고 좁디좁은 골목으로 이리 삥삥 돌고 저리 삥삥 돌아가다가, 어떤 오막살이 높은 등 달린 집으로 들어가며,

그 사람 "나는 이 집에서 볼일 좀 보고 곧 가르쳐 줄 것이니 이리 잠깐 들어와."

정임이는 배 탈 시간이 늦어 가는가 하고 근심될 뿐 아니라 여자의 몸이 낯선 곳에 혼자 와서 사나이놈 따라 남의 집에 들어갈 까닭이 없는 터이라,

정임 "길 모르는 사람을 이처럼 가르쳐 주고자 하시니 대단히 고맙습니다. 나는 여기서 잠깐 기다릴 터이니 어서 볼일 보십시오."

하고 섰더니 그 사람이 그 집으로 들어간 지 한참 만에 어떤 계집 두 년이 머리에는 왜밀* 뒤범벅을 해 붙이고 중문간에서 기웃기웃 내다보며,

"아에그, 그 처녀 얌전도 하다. 아마 서울 사람이지."

하고 나오더니,

"여보, 잠깐 들어오구려. 같이 오신 손님은 지금 담배 한 대 잡숫는데요. 우리 집에는 아무도 없소. 여편네가 여편네들만 있는 집에 들어오는 것이 무슨 관계 있소. 어서 잠깐 들어왔다 가시오."

하며 한 년은 손목을 잡아당기고 한 년은 등을 미는데, 어찌할 수 없이 안마당으로 들어섰다.

길 가르쳐 주마던 사람은 마루 끝에 걸터앉아 담배를 먹다가 정임이를 보더니,

그 사람 "선창을 물으면 배 타고 어데를 가는 길이야?"

---

* 왜밀 왜밀기름. 향료를 섞어서 만든 밀기름.

정임 "동경까지 갑니다."

그 사람 "동경은 무엇하러 가?"

정임 "유학하러요."

그 사람 "유학이고 무엇이고 저렇게 큰 처녀가 길도 모르고 어찌 혼자 나섰어?"

정임 "지금같이 밝은 세상에 처녀 말고 아무라도 혼자 나온들 무슨 관계 있습니까?"

그 사람 "이름은 무엇이고 나이는 몇 살이야?"

이렇게 자세히 묻는 바람에 정임이는 의심이 나며, 서울 뉘집 아들도 일본으로 도망해 가다가 그 집에서 부산 경찰서로 전보하여 붙잡아 갔다더니, 아마 우리 아버지께서 전보한 까닭으로 경찰서에서 별순검*을 보내 조사하나 보다 하는 생각이 나서,

정임 "배 탈 시간이 늦어 가는데 길도 아니 가르쳐 주고 남의 이름과 나이는 알아 무엇하려오?"

하고 돌아서서 나오는데 그 사람이 달려들며 잡담 제하고 끌어다가 뒷방에 넣고 방문을 밖으로 걸더라.

그는 색주가 서방인데, 서울 사람과 상약하고 어떤 집 계집아해를 색주갓감으로 꾀어 내는 판이라. 서울 사람은 그 계집아해를 유인하여 어느 날 몇 시 차로 보낼 것이니 아무쪼록 놓치지 말고 잘 단속하라는 약조가 있는 터에, 그 계집아해는 아니 오고 애매한 정임이가 걸렸으니 아무리 소리를 지른들 무엇하며, 야단을 친들 무슨 수가 있으리오마는, 하도 무리한 경우를 당하여 기가 막히는 중에, '이렇게 법률을 무시하는 놈을 여러 사람에게 알리면 도리가 있으리라.' 생각하고 한 번 악을 쓰고 소리를 질렀더니, 그놈이 감언이설로 달래다 못하여 회초리 찜질

---

*별순검 구한국 때 경무청이나 경위원의 제복을 입지 않고 비밀 정탐에 종사하던 순검.

을 대는 판에 전신이 피뭉치가 되고 과연 견딜 수 없을 뿐 아니라, 죽고자 하여도 죽을 수도 없으니 이런 일은 평생에 듣지도 보지도 못하다가 꿈결같이 이 지경을 당하매 분한 마음이 이를 것 없으나 어찌할 수 없이 갇혀 있더니, 사흘 되던 날 밤에 문틈으로 풍뎅이 한 마리가 들어와서 쇠잔한 등불을 쳐서 끄는데 갑갑하고 무서운 생각이 나서 불이나 켜놓고 밤을 새우리라 하고, 들창 문지방을 더듬더듬하며 성냥을 찾으니, 성냥은 없고 다 부러진 대칼이 틈에 끼여 있는지라, 그 칼을 집어들고 이리 할까 저리 할까 한참 생각하다가 마침내 문창살을 오린다.

칼이 어찌 안 들고 힘이 어찌 들던지 밤새도록 겨우 창살 한 개를 오리고 나니, 닭은 새벽 홰를 울고 먼 촌의 개 짖는 소리가 나는데 그 창살 오려 낸 틈으로 밖에 걸린 고리를 벗기고 가만히 나오니 죽었다가 살아난 듯이 상쾌한지라, 차차 큰길을 찾아가며 생각하니, '이번에 이 고생한 것도 도시 의복을 잘못 차린 까닭이요, 또 동경을 가더라도 조선 의복 입은 사람은 하등 대우를 한다는데, 이 모양으로는 아무 데도 가지 못하겠다.' 하고 어느 모퉁이에 서서 날 밝기를 기다려 가지고 곧 오복점*을 찾아가서 일본옷 한 벌을 사서 입고, 그 오복점 주인 여편네에게 간청하여 머리를 끌어올려 일본쪽을 찌고, 또 그 여편네에게 선창 가는 길을 물어서 찾아가니, 이 때 마침 연락선 일기환이 떠나는지라, 즉시 그 배를 타고 망망한 바닷빛이 하늘에 닿은 곳으로 가더라.

이 같은 곤란을 지내고 동경을 향하여 가는 정임이가 삼 일 만에 목적지 신교역에 내리니 그 시가는 화려하고 번창함이 참 처음 보는 구경이나, 여관을 어디로 가는지 모르고 한참 방황하다가 덮어놓고 인력거에 올라앉으니, 별안간 말하는 벙어리, 소리 듣는 귀머거리가 되어 인

---

*오복점 다섯 가지 상복, 즉 참최, 자최, 대공, 소공, 시마를 파는 가게 혹은 천자, 제후, 경, 대부, 사의 옷을 파는 가게.

력거꾼의 묻는 말을 대답하지 못하고, 다만 손을 들어 되는 대로 가리키니 인력거는 가리키는 대로 가고, 정임이는 묻는 대로 가리켜서 이리저리 한없이 가다가 어느 곳에 다다르니, '상야관'이라 현판 붙인 집 앞에서 오고가는 사람에게 광고를 돌리는데, 그 광고 한 장을 받아 보니 무슨 말인지 의미는 알 수 없으나, 숙박료 일등에 얼마, 이등에 얼마라고 늘어 쓴 것을 보매 그 집이 여관인 줄 알고 인력거를 내려 들어가니, 벌써 여중*과 반토*들이 나와 맞으며 들어가는 길을 인도하는지라, 인하여 그 집에 여관을 정하고 우선 여관 주인에게 일본말을 배우니, 원래 총명이 과인*하고 학문도 중학교 졸업은 되는 터이라, 일곱 달 만에 못할 말 없이 능통할 뿐 아니라 문법도 막힐 곳 없이 무슨 서적이든지 능히 보게 되매, 그 해 봄에 '소적천구' 일본 여자 대학에 입학하였는데, 그 심중에는 항상 부모의 생각, 영창이 생각, 자기 신세 생각이 한데 뒤뭉쳐서 주야로 간절한 터이라. 그러한 뇌심 중에 공부도 잘 되지 아니하련마는 시험 볼 적마다 그 성적이 평균점 일공공(100)에 떨어지지 아니하여 해마다 최우등으로 진급되니, 동경 여학생계에 이정임의 이름을 모를 사람이 없이 명예가 굉장하더라.

하루는 학교에서 하학하고 여관으로 돌아오니 어떤 여학도가 무슨 청첩을 가지고 와서 아무쪼록 오시기를 바란다고 간곡히 말하고 가는데, 그 청첩은 '여학생 일요 강습회 창립 총회' 청첩이요, 그 취지는 여학생이 일요일마다 모여서 학문을 강습하자는 뜻이라. 정임이는 근심이 첩첩하여 만사가 무심한 터이지마는, 그 취지서를 본즉 매우 아름다운 일인 고로 그 날 모인다는 곳으로 갔더니, 여학생 수십 명이 와서 개회하고 임원을 선정하는데 회장은 이정임이요, 서기는 산본영자*라. 정

＊여중(女中) 여자 종업원.
＊반토 여관, 상점 등의 지배인.
＊과인(過人) 덕망, 학식, 재주, 힘 따위가 보통 사람보다 뛰어남.
＊산본영자 야마모토 에이코.

임이는 억지로 사양치 못하고 회장석에 출석하여 문제를 내어걸고 차례로 강연한 후에 장차 폐회할 터인데, 이 때에 어떤 소년이 서기 산본영자의 소개를 얻어 회석에 들어오더니 자기는 조선 유학생 강한영이라 하며, 강습회 조직하는 것을 무한히 칭찬하고, 이 회에 쓰는 재정은 자기가 찬성적으로 어디까지든지 전담하겠노라 하고 설명하며, 우선 금화 백 원을 기부하는 서슬에 서기의 특청으로 강 소년이 그 회의 재무 촉탁이 되었는데, 이 때부터 강 소년은 일요일마다 정임을 만나면 지극히 반가워하고 대단히 정답게 굴어서 아무쪼록 친근히 사귀려고 하며, 혹 어떤 때는 공원으로 놀러 가자기도 하고, 야시* 구경도 같이 가자기도 하나, 정임의 정중한 태도는 비록 여자끼리라도 특별히 친압* 하지 아니하거늘, 하물며 남자와 함께 구경 다닐 리가 있으리오. 그런 말 들을 적마다 정숙한 말로 대답하매 다시는 그런 말을 못 하는 터이요, 산본영자도 종종 여관으로 찾아오는데, 하루는 어떤 노파가 와서 자기는 산본영자의 모친이라 하며 자기 딸과 친절히 지내니 감사하다고 치하하고 가더니, 그 후로는 자주 자주 다니며 혹 과자도 갖다 주며, 혹 화장품도 사다 주어 없던 정분을 갑자기 사고자 하며 가끔 가다가 던지는 말로 여자의 평생 신세는 남편을 잘 만나고 못 만나기에 있다고 이야기하더라.

정임이 동경 온 지가 어언간 다섯 해가 되어 그 해 하기 시험에 졸업하고 증서 수여식 날 졸업장과 다수한 상품을 타매 그 마당에 모인 고등관인과 내외국 신사들의 칭송이 빗발치듯 하니 그런 영광을 비할 곳이 없을 뿐 아니요, 그 졸업장 한 장이 금 주고 바꾸지 아니할 만치 귀한 것이라 그 마음에 오죽 기쁘리오마는, 정임이는 찬양도 귀에 심상히

---

* 야시(夜市) 야시장.
* 친압(親狎) 버릇없이 너무 지나치게 친함.

들리고 좋은 마음도 별로 없어 즉시 여관으로 돌아와 삼층 장지를 열고 난간에 의지하여 먼 하늘에 기이한 구름 피어오르는 것을 바라보며, 내 두의 거취를 어떻게 할까 하고 앉았는데 산본 노파가 오더니 졸업한 것을 치하한다.

노파 "이번에 우등으로 졸업하였다니 대단히 감축할 일이오그려. 듣기에 어찌 반가운지 내가 치하하러 왔지요."

정임 "감축이랄 것 무엇 있습니까."

노파 "저렇게 연소한 터에 벌써 대학교 졸업을 하였으니 참 고마운 일이야. 내 마음에 이처럼 반가울 적에 당신이야 오죽 기쁘며, 부모가 들으시면 얼마나 좋아하시겠소."

정임 "나는 좋을 것도 없습니다. 학교 교사 여러분의 덕택으로 졸업은 하였으나 아무것도 아는 것이 없으니 무엇이 좋습니까."

노파 "그런 겸사는 다 고만두시오. 내가 모른다구요……. 그러나 우리 딸 영자야말로 인제 겨우 고등과 이년급이니 언제나 대학교 졸업을 할는지요. 당신을 쳐다보자면 고소대 꼭대기 같지."

정임 "별 말씀을 다 하십니다. 영자의 재주로 잠깐이지요. 근심하실 것 무엇 있습니까."

노파 "당신은 얼굴도 어여쁘고 마음도 얌전하거니와 재주는 어찌 저렇게 비상하며, 학문은 어찌 저렇게 좋소. 나는 볼 적마다 부러워."

정임 "천만의 말씀이오."

노파 "당신은 시집을 가더라도 얼굴이 저와 같이 곱고 학문도 대학교 졸업한 신랑을 얻어야 하겠소."

정임 "……."

노파 "이 세상에는 저와 같은 짝이 없을걸."

정임 "……."

노파 "남녀 물론하고 혼인은 부모가 정하는 것이지마는 이 이십세기 시대에야 부모가 혼인 정해 주기를 기다리는 사람이 누가 있나. 혼인 이란 것은 제 눈에 들고 제 마음에 맞는 사람과 할 것인데……."

정임 "……."

노파 "왜 아무 이야기도 아니 하고 얼굴에 근심하는 빛이 있으니 웬일이오. 내가 혼인 이야기를 하니까 아마 시집갈 일이 근심되나 보구려. 혼인은 일평생에 큰 관계가 달린 일인데, 어찌 근심이 되지 아니하리까. 그렇지마는 근심할 것 없소. 내가 좋은 혼처 천거하리다. 이 말이 실없는 말 아니오. 자세히 들어 보시오. 내가 남의 중대한 일에 잘못 소개할 리도 없고, 또 서양 사람이나 아메리카 사람에게 천거하는 것이 아니라, 같은 나라 사람이자 또 자격이 당신과 똑같은 터이니, 두고두고 평생을 구한들 어찌 그런 합당한 곳을 고를 수 있으리까. 다른 사람이 아니라 일요 강습회에 다니는 강한영 씨 말씀이오. 당신도 많이 만나보셨겠지마는 얼굴인들 좀 얌전하며, 재주인들 여간 좋습디까. 그 양반이 내 집에 주인을 정하고 삼 년을 나와 같이 지내는데, 그 옥 같은 마음은 오던 날이나 오늘이나 마찬가지요, 학문으로 말하더라도 이번에 대학교 법률과 졸업을 하였으니 당신만 못하지 아니하고, 재산으로 말하더라도 조선의 몇 째 아니 가는 부자랍디다. 내가 조선 사람의 부자이고 아닌 것을 어찌 알겠소마는, 이 곳에 와서 돈 쓰는 것만 보면 알겠습디다. 그 양반이 돈을 써도 공익적으로나 쓰지, 외입 한 번 하는 것을 못 보았어요. 만일 못 믿거든 본가로 편지라도 해서 알아보고, 망설이지 말고 혼인 정하시오. 그 집은 대구인데 이번에 나가면 서울로 이사한답디다. 암만 골라도 이러한 곳은 다시 구경도 못할 터이니 놓쳐 버리고 후회할 것 없이 두말 말고 정하시오. 당신도 그 양반을 모르는 터이 아니거니와 이 늙은 사람이 설마 남 못할 노릇 시키려고 거짓말할 리 있소? 다시 생각할 것 없이 내 말대로 하시오."

그 노파는 졸업 치하가 변하여 혼인 소개가 되더니 잔말을 기다랗게 늘어놓는데 정임이는 조금도 듣기가 귀찮은 터이라,

정임 "그러하겠습니다. 여자가 되어 시집가는 것도 변될 일이 아니요, 당신이 혼인 중매하시는 것도 괴이치 아니한 터이나, 나는 집 떠날 때로부터 마음에 정한 바이 있어 다시는 변통 못할 사정이올시다. 그 사정은 말할 필요가 없거니와 만일 내가 시집을 갈 것 같으면 그런 좋은 곳을 버리고 어떤 곳을 다시 구하리까마는, 내가 시집 아니 가기로 결심한 이상에야 다시 할말 있습니까. 혼인 문제에 대하여서는 두 말씀 마시기를 바랍니다."

이처럼 싹도 없이 끊어 말하매 노파는 다시 말 못 하고 무연히 돌아 갔는데, 그 후로부터 일요 강습회에도 다시 가지 아니하고 있더니, 집 생각이 간절하여 집에 돌아가 늙은 부모나 봉양하고 여학교나 설립하여 청년 여자들이나 가르치며 오는 세월을 보내리라 하고 귀국할 행장을 차리는 중인데, 하루는 굿은비가 종일 와서 심기가 대단히 울적하던 차에, 비 개고 달 돌아 오는 경이 하도 좋기에 옷을 갈아 입고 상야 공원에 가서 달 구경하고 오다가 불인지가를 지나며 보니, 패한 연엽에는 비 흔적이 머무르고, 맑고 맑은 물결에는 위에도 관월교요, 밑에도 관월교라.

그 운치를 사랑하여 돌아갈 줄을 잊어버리고 섰더니, 그 악소년을 만나 칼침을 맞고 병원으로 갔는데, 병원에서 의사가 상처를 진찰하니 창흔은 후문*을 비끼고 빗나갔고, 창구*는 이 분이며 심은 일 촌에 지나지 못하여, 생명은 아무 관계 없고 놀라서 잠시 기색*한 모양이라. 의사는 응급 수술로 민속히 치료하였으나 정임이는 그러한 광경을 생후에

＊후문 목구멍.
＊창구(創口) 칼날 따위에 상한 구멍.
＊기색(氣塞) 기절. 혼절.

처음 당하여 어찌 혹독히 놀랐던지 종시 혼도하였다가 간신히 정신을 차려 눈을 떠 보니, 동편 유리창에 볕이 쨍쨍하게 비치고, 자기는 높은 와상에 흰 홑이불을 덮고 누웠는지라, 어찌 된 곡절을 몰라 속생각으로 '여기가 어데인가. 우리 여관에는 저렇게 볕 들어 본 적도 없고 이러한 와상도 없는데, 내가 뉘집에 와서 이렇게 누웠나. 애고, 이상도 하다. 내가 아마 꿈을 이렇게 꾸나 보다.' 하고 정신을 수습하는 때에 의사가 간호부를 데리고 들어오는 뒤에 순사가 따라오는 것을 보고 그제야 전신에 소름이 쪽 끼치며, 어젯밤 공원 생각이 나는데 의사가 창구를 씻고 약을 갈아 붙이더니, 순사가 앞으로 다가서며 자세 자세 묻는다.

순사 "당신의 성명은 누구라 하오?"

정임 "이정임이올시다."

순사 "연령은 얼마요?"

정임 "십구 세올시다."

순사 "당신의 집은 어데요?"

정임 "조선 경성 북부 자하동 일백팔통 십호올시다."

순사 "당신의 부친은 누구요?"

정임 "이 ○○올시다."

순사 "부친의 직업은 무엇이오?"

정임 "우리 부친은 관인이더니 지금은 벼슬 없고, 전직은 시종원 시종이올시다."

순사 "형제는 몇 분이오?"

정임 "이 사람 하나뿐이올시다."

순사 "당신은 무슨 일로 동경에 왔소?"

정임 "유학하기 위하여 왔습니다."

순사 "그러시오? 그러면 여관은 어데며, 어느 학교 몇년 급에 다니오?"

정임 "여관은 하곡구 거판정 십일 번지 상야관이요, 학교는 일본 여자 대학에 다니더니 거 칠월 십일에 졸업하였습니다."

순사 "매우 고마운 일이오마는…… 어젯밤에 행흉하던 놈은 아는 놈이오, 모르는 놈이오?"

정임 "안면은 두어 번 있었지요."

순사 "안면이 있으면 그놈의 성명을 알며, 어데서 보았소?"

정임 "성명은 강한영이요, 만나보기는 여학생 일요 강습회에서 만나 보았습니다."

순사 "성명을 들으니 그놈도 조선 사람이오그려……. 그놈의 원적지와 유숙하는 여관은 어데인지 아시오?"

정임 "본국 사람이로되 거주도 모르고, 여관도 어데인지 알 수 없으나 그 주인은 산본이랍디다."

순사 "그러면 무슨 이유로 저 일을 당하였소?"

정임 "이유는 아무 이유도 없습니다……. 여자가 되어 세상에는 죄악이지요."

정임이는 그 말 그치며 두 눈에 눈물이 핑 도는데, 순사가 낱낱이 조사하여 수첩에 기록해 가지고 매우 가엾다고 위로하며 의사를 향하여 아무쪼록 잘 보호하고 속히 치료해 주라고 부탁하고 나가더라.

정임이가 이러한 죽을 욕을 보고 병원에 누웠으매 처량하기도 이를 것이 없고 별생각이 다 나는데, '내가 집을 버리고 멀리 떠나서 늙은 부모의 걱정을 시키니, 이런 죄악을 왜 아니 당할 리 있나. 그렇지마는 내가 부모를 저버린 것이 아니요 중대한 의리를 지킨 일이니, 아무리 어떠한 죄를 당할지라도 신명에 부끄러울 것은 없어. 내가 어려서 부모에게 귀함받고 영창이와 같이 자랄 때에 신세가 이 지경 될 줄 누가 알았던가. 그러나 나는 무슨 고생을 하든지 이 세상에 살아 있거니와, 백골이 어느 곳에 헤어진지 알지 못하는 영창의 외로운 혼이 불쌍치 아니한

가. 내가 바빠 지하에 돌아가 영창이를 만나서 어서 이런 말을 좀 하였
으면 좋겠구먼. 부모 생각에 할 수 없지……. 허…… 나의 한 몸이 천지
의 이기를 타고 부모의 혈육을 받아 이 세상에 한 번 나온 것이 전만고
후만고에 다시 얻기 어려운 일인데, 이렇게 아까운 일생을 낙을 모르고
지내다가 죽는단 말인가. 참 팔자도 기박도 하다. 생각을 하면 간이 녹
아 신문이나 보고 잊어버리겠다.' 하고 간호사를 불러 신문 한 장을 가
져오래서 잠심하여* 보는데 제 삼면 잡보란에,

김영창(연 십구)이라 하는 사람이 어떤 여학생과 무슨 감정이 있던지
재작일 하오 십일 시경에 상야 공원 불인지가에서 칼로 찌르다가 하
곡구 경찰서로 잡혀갔는데, 그 사람은 본디 조선 사람으로 영국 문과
대학에서 졸업한 자이더라.

게재하였는지라.
　이 잡보를 보다가 하도 이상하여 한 번 다시 보고 또 한 번 더 훑어보
아도 갈 데 없이 자기의 사실인데, 행패하던 놈의 성명이 다르매 더욱
이상하여 혼자말로 '아이고, 이상도 하다. 이 말이 정녕 내 말인데 그
놈이 강가 아니요, 김영창이란 말은 웬말이며 영국 문과 대학 졸업이란
말은 웬말인고.
　아마 신문에 잘못 게재하였나 보다. 내가 영창이 생각을 잊어버리자
고 신문을 보다니.' 하고 신문을 땅에 던지다가 다시 집어들고, '김영
창…… 김영창…… 문과 대학 졸업.' 하며 무슨 생각을 새로 하는 때에
누가 어떤 엽서 한 장을 주고 나가는데, 그 엽서는 재판소 호출장이라.
그 엽서를 받아 두고 병 낫기를 기다리더니, 병원에 온 지 일 주일이 되

---

* 잠심(潛心)하다　어떤 일에 마음을 두어 깊이 생각하다.

매 상처도 완전히 치료되고 재판소에서 부르는 일자가 되었는지라, 병원에서 퇴원하여 여관으로 돌아가는 길에 곧 재판소로 가더라.

정임의 마음에 이렇듯이 새기고 새겨 둔 영창이는 정임이를 이별하고 부모를 따라 초산으로 온 후에 날이 가고 해가 갈수록 역시 정임이가 영창이 생각하는 것 진배없이 정임을 생각하며 가고 또 오는 날을 괴로이 지내더니, 하루는 정임에게서 편지가 와서 반갑게 떼어 본다.

이별할 때에 푸르던 버들이 다시 푸르르니 하늘가를 바라보매 눈이 뚫어지고자 하나, 바다는 막막하고 소식은 없으니, 난간에 의지하여 공연히 창자가 끊어질 뿐이요, 해는 가까우나 초산은 멀며, 바람은 가벼우나 이 몸은 무거워서 날아다니는 술업은 얻지 못하고 다만 봄 꿈으로 하여금 괴롭게 하니, 생각을 하면 마음이 상하고 말을 하자니 이가 시구나.

이러한 만지장서를 채 다 보지 못하고 막 시작하여 여기까지 보는데 삼문 밖에서 별안간 '우지끈 뚝딱' 하며, '아 우' 하는 소리가 나더니 봉두난발도 한 놈, 수건도 쓴 놈들이 혹 몽둥이도 들고 혹 돌도 들고 우—— 몰려 들어오면서 우선 이방, 형방, 순로, 사령을 미친개 때리듯 하며, 한 떼는 대청으로 올라와서 군수를 잡아 내리고, 한 떼는 내아에 들어가서 부인을 끌어 내어 한 끈에다가 비웃두름 엮듯이 동여 앉히고 여러 놈이 둘러서서 한 놈은,
"물을 끓여라.'
한 놈은,
"장작더미에 올려 앉혀라."
한 놈은,

"석유를 끼얹어라."

한 놈은,

"구덩이를 파라."

또 한 놈은,

"이애들, 아서라. 학정은 모두 아전놈의 짓이지 그 못생긴 원놈이야 술이나 좋아하고 글이나 잘 짓지 무엇을 안다더냐. 그럴 것 없이 집 둥우리나 태워서 지경이나 넘겨라."

하는데 그 중 한 놈이 쓱 나서며,

"그럴 것 없이 좋은 수가 있다. 두 연놈을 큰 뒤주 속에 한데 넣어서 강물에 띄워 버리자."

하더니 그 여러 놈들이,

"이애, 그 말 좋다……. 자……."

하며 뒤주를 갖다가 군수 내외를 집어넣고 자물쇠를 채우고 진상* 가는 꿀병 동이듯 이리 층층 얽고 저리 층층 얽어서 여러 놈이 떠메고 압록강으로 나가는데, 정임이 편지 보던 영창이는 창졸간에 하늘이 무너지고 땅이 꺼지는 듯한 난리를 만나매 어찌할 줄 모르고 몸부림을 하며 아버지 어머니를 부르고 울다가, 메고 나가는 뒤주를 쫓아가니 어떤 놈은 귀퉁이도 쥐어박고, 어떤 놈은 발길로 차기도 하며 어떤 놈은,

"이애, 요놈은 작은 도적놈이다. 요런 놈 씨 받아서는 못쓰겠다. 요놈마저 뒤주 속에 넣어라."

하더니 또 어떤 놈이 와서,

"아서라, 그까짓 어린 자식놈이야 무슨 죄가 있느냐. 그렇지마는 요놈이 이렇게 잘 입은 비단옷도 모두 초산 백성의 피 긁은 것이니 이것이나마 입혀 보낼 것 없다."

---

* 진상(進上) 지방에서 나는 물건을 임금이나 고관에게 바침.

하고 달려들며 입은 옷을 다 벗기고, 지나가는 거지 아해의 옷 해진 틈틈이 서캐이가 터진 방앗공이에 보리알 끼듯 한 옷을 바꾸어 입혀서 땅에 발이 붙지 않도록 들어 내쫓는다. 그 지경 당하는 영창의 마음에는, 자기는 죽인대도 겁날 것 없으되, 무죄한 부모가 참혹히 죽는 것이 비할 데 없이 애통한 생각에 '나도 압록강에나 가서 기어코 우리 부모 들어앉아 계신 뒤주라도 붙들고 죽으리라.' 하고 구릉 언덕을 헤아리지 아니하고 엎드러지며 자빠지며 압록강을 향하고 가는데, 읍내서 압록강이 몇 리나 되던지 밤새도록 가다가 어느 곳에 다다르니 위도 하늘 같고 아래도 하늘 같은 물빛이 보이는데, 사면은 적적하고 넓고 넓은 만경창파에 총총한 별빛만 반짝반짝하며 오열한 여울 소리가 슬피 조상하는 듯할 뿐이요, 자기 부모는 어디로 떠나갔는지 알 수 없는지라. 하릴없이 언덕 위에 서서 창자가 끊어지는 듯이 울며 몇 번이나 강물로 떨어지려고 하다가 다시 생각하고, '죽더라도 떠나가는 뒤주라도 보고 죽으리라.' 하여 물결을 따라 한없이 내려간다.

며칠이나 가고 어디까지나 왔던지 한 곳에 이르러서는 발도 부르트고 다리도 아플 뿐 아니라 여러 날 굶어서 기운이 쇠진하여 정신 잃고 사장에 넘어졌으니 그 동탕*한 얼굴이야 어디 갈 것이 아니지마는, 그 넘어진 모양이 하릴없는 깍정이 송장이라. 강변 까마귀는 이리로 날으며 '깍깍', 저리로 날으며 '깍깍' 하고, 개 떼는 와서 여기도 '끙끙' 맡아 보고, 저기도 '끙끙' 맡아 보나 이것저것 다 모르고 누웠더니, 누가 허리를 꾹꾹 찌르고 또 꾹꾹 찌르는 섬에 간신히 눈을 들어 보니 어리어리하게 보이는 중에 키는 장승 같고 옷은 시커멓고 코는 주먹덩이만 하고 눈은 여산 칠십 리나 들어간 듯하여 도깨비 중에도 상도깨비 같은 사람이 옆에 서서 무슨 말을 하는데, 귀도 먹먹하지마는 말인지 어훈도

＊ **동탕**(動蕩) 얼굴이 토실토실 잘생김.

알 수 없고 말할 기운도 없거니와 대답할 줄도 모르고 눈이 멀거니 쳐다볼 뿐이라.

그 사람이 달려들어 일으켜 앉혀 놓고 빨병을 내어 물을 먹이더니, 손목을 끌고 인가를 찾아가니 그 곳은 신의주 나루터요, 그 사람은 영국 문학박사 스미스라 하는 사람인데, 자선가로 영국의 유명한 사람이라.

그 사람이 동양을 유람코자 하여 일본 다녀 조선으로 와서 부산, 대구, 경성, 개성, 평양, 의주를 다 구경하고 장차 청국 북경으로 가는 길에 이 곳에서 영창이 넘어진 것을 보고, 얼굴이 비범한 아해가 그 모양으로 누웠는 것을 매우 측은히 여겨 즉시 끌고 신의주 개시장 일본 사람의 여관으로 들어가서 급히 약을 먹인다, 우유를 먹인다 하여 정신을 차린 후에 목욕을 시키고 새 옷을 사서 입히니, 그 준수한 용모가 관옥같은 호남자라. 곧 데리고 압록강을 건너가니 다 죽었던 영창이는 은인을 만나 목숨이 살아나매, 그 때는 아무 생각 없고 다만 '아무쪼록 생명을 보존하여 기회를 얻어 원수를 갚고 우리 부모의 사속*을 전하리라.' 하는 마음뿐이라.

그 사람과 말이나 통할 것 같으면 사실 이야기나 자세히 하고 서울 이 시종 집으로나 보내 달라고 간청해 볼 터이건마는, 말은 서로 알아 듣지 못하고 하릴없이 그 사람 끌고 가는 대로 따라가는데, 서로 소 닭보듯 하며 먹을 때 되면 먹고, 잘 때 되면 자고, 마차를 타고 막막한 광야로도 가고, 기차를 타고 화려 장대한 시가도 지나가고, 화륜선을 타고 망망한 바다로 들어가서 어디로 가는지 모르고 가다가, 어느 곳에서 기차를 내리매 땅에는 철로가 빈틈 없이 놓이고, 하늘에는 전선이 거미줄같이 얽혔으며, 넓고 넓은 길에 마차, 자동차, 자전거는 여기서도 쓰

＊ 사속(嗣續) 대를 이음.

르르, 저기서도 뜰뜰하고, 십여 층 벽돌집은 좌우에 정연하며 각색 공장의 연기 굴뚝은 밀짚 들어서듯 총총하여 그 굉장한 풍물이 영창의 눈을 놀래니 그 곳은 영국 서울 '런던' 이요, 스미스의 집이 곧 그 곳이라.

스미스는 영창을 데리고 집으로 들어가서 세계에 없는 보화를 얻어 온 듯이 귀히 여기니, 그 부인도 역시 자기 자식같이 사랑하며 날마다 말 가르치기로 일삼는데, 영창의 재주에 한번 들은 말과 한번 본 글자는 다시 잊지 아니하고 몇 날 못 되어 가정에서 날마다 쓰는 말은 능히 옮기매, 부인의 마음에 신통히 여기고 차차 지지, 산술, 이과 등의 소학교 과정을 가르치기에 재미를 붙이고, 영창이도 스미스 내외에게 친부모같이 정답게 굴며 근심빛을 외면에 드러내지 아니하더라.

정임이는 영창이 소식을 모르고 근심이 가슴에 맺혀서 옷끈이 자연 늘어지는 터이건마는, 영창이는 부모가 그 지경 된 것이 지극히 불쌍하여 백해*가 녹는 듯이 슬픈 마음에 정임이 생각은 도시 잊었더니, 하루는 산술을 공부하는데 삼삼을 자승(33×33)하는 문제를 놓으며, '삼삼구…… 삼삼구…… 또…… 삼삼구…… 삼삼구.' 하다가 문득 한 생각이 나며, '옳지! 정임이가 남문역에서 작별할 때에 편지나 자주 하라고 부탁하며 통호수를 잊거든 삼삼구를 생각하라더라. 편지나 부쳐서 소식이나 서로 알고 있으리라.' 하고 초산서 봉변하던 말과 스미스를 따라 런던 와서 공부하고 있는 말로 즉시 편지를 써서 우편으로 보내고, 다시 생각하고 편지 또 한 장을 써서 시종원으로 부쳤더니, 사오 개월이 지난 후에 그 편지 두 장이 한꺼번에 돌아왔는데, 쪽지가 너덧 장 붙고 '영수인이 무하여 반환함.' 이라 썼으니 우편이 발달된 지금 같으면 성안에 있는 이 시종 집을 어떻게 못 찾아 전하리오마는, 그 때는 우체 배달이 유치한 전한국 통신원 시대라. 체전부가 그 편지를 가지고 교동

---

* 백해(百骸) 온몸을 이루고 있는 모든 뼈.

삼십삼통 구호를 찾아가매 불이 타서 빈터뿐이요, 시종원으로 찾아가매 이 시종이 갈려 버린 고로 전하지 못하고 도로 보낸 것이라. 편지를 두 곳으로 부치고 답장 오기를 고대하던 영창이는 어찌 된 사실을 몰라 마음에 더욱 불평히 지내는데, 차차 지각이 날수록 남의 나라의 문명 부강한 경황을 보고 내 나라의 야매 조잔한 이유를 생각하매 다른 근심은 다 어디로 가고 다만 학업에 힘쓸 생각뿐이라. 즉시 학교에 입학하여 열심으로 공부하니 그 과공이 일취월장하여 열여섯 살에 중학교 졸업하고, 열아홉 살에 문과 대학 졸업하니 그 학문이 훌륭한 청년 문학가가 되었는지라.

스미스 내외도 지극히 기뻐할 뿐 아니라 영국 문부성 관리들이 극구 칭송 아니 하는 자가 없더니, 문부성 학무국장이 스미스를 방문하고 자기 딸을 영창에게 통혼하는지라 영창이 생각에 '아무리 정임이와 서로 생사를 알지 못하나 내가 정임이 거취를 자세히 알기 전에는 다른 배필을 구하지 아니하리라.' 하고 그제야 자기 사실과 정임의 관계를 낱낱이 스미스에게 이야기하고 학무국장의 의혼을 거절하였는데, 그 해 유월에 스미스가 대일본 횡빈* 주차 영사가 되어 일본으로 나오매 영창이도 스미스를 따라 횡빈 와서 있더니, 어느 때는 동경으로 구경 갔다가 지루한 가을 장마에 구경도 못 하고 적적한 여관에서 파초잎에 떨어지는 빗소리를 들으며 소설을 저술하는데, 고국 생각이 새로 간절한 중 정임이 소식을 하루바삐 알고자 하는 회포가 마음을 흔들어서 '아마 정임이는 그 사이 시집을 갔을걸.' 하고 생각하며 하늘가에 돌아가는 구름을 유연히 바라보더니, 헤어져 가는 구름 너머로 쑥 솟아오르는 한 조각 달이 수정 같은 광휘를 두루 날리는지라, 곧 상야 공원에 가서 산보하다가, 불인지 연못가에서 마침 어떤 사람이 칼로 여학생 찌르는 것

---

* 횡빈(橫濱) 요코하마.

을 보고 잔인한 생각이 왈칵 나서 소리를 지르고 급히 쫓아가니 여학생의 목에 칼이 박혔는지라, 그 칼을 얼른 빼어 들고 생각하매 '그놈은 벌써 달아났으니 경찰서에 고발하기도 혐의쩍고, 그대로 가자 하니 이것이 사나이 일이 아니라.' 사기가 대단히 민망하여 어찌할 줄 모르고 한참 생각할 때에 행순하던 순사에게 잡혀가니, 신문하는 마당에 무어라고 발명할 증거는 없으나 사실대로 말하니, 그 말은 아무 효력 없고 애매한 살인 미수범이 되어 즉시 재판소로 넘어가서 감옥서에 갇혀 있더라.

이 때 정임이가 호출장을 가지고 재판소로 들어가니, 검사가 그 날 저녁에 당했던 사실을 자세히 조사하더니 어떤 죄인을 대면시키고,

검사 "저 사람이 공원에서 칼로 찌르던 사람 아니냐?"

하고 묻는데 정임이는 그 사람의 얼굴을 자세히 보고 병원에서 신문 보던 일을 생각하니 얼굴 전형도 흡사한 영창이 어렸을 때 모습이요, 눈, 귀, 콧날도 모두 영창이라. 은근히 반가운 마음이 염통 밑을 쑤시나, 한편으로 그 사람이 정녕 영창인지 아닌지 의심도 없지 아니할 뿐 아니라 경솔히 반색할 일도 못 되고 또 관청에서 사삿말도 할 수 없는 터이라 검사의 말대답할 겨를도 없이 그 죄인을 물끄러미 보다가 한참 만에 대답을 한다.

정임 "저이는 그 사람이 아니올시다. 그러나 저 사람에게 한 마디 물어 볼 말씀이 있사오니 잠깐 허가하심을 바랍니다."

검사 "무슨 말을?"

정임 "이 사건에 대한 일은 아니오나 사사로이 물어 볼 만한 일이 있습니다."

검사 "무슨 말인지 잠깐 물어 봐."

정임이는 검사의 허락을 얻어 가지고 그 죄인을 대하여 조선말로 묻

는다.

정임 "당신은 어찌 된 사유로 이 곳에 오셨소?"

죄인 "다른 까닭이 아니라 공원 구경 갔다가 어떤 놈이 젊은 부인을 모해코자 함을 보고 마음에 대단히 송연하여* 급히 쫓아갔더니 그놈은 달아나고 내가 발명할 수 없이 잡혀 왔습니다. 그 부인이 아마 당신이신게요그려. 그 때는 매우 위험하더니 천만에 저만하신 것이 대단히 감축합니다."

정임 "그러하시오니까. 나는 그 때 정신 잃고 아무것도 몰랐습니다그려. 위태함을 무릅쓰고 이만 사람을 구하여 주시니 대단히 고맙습니다마는, 애매히 여러 날 고생을 하여 계시니 가엾은 말씀을 어찌 다 하오리까. 그러나 존함은 누구신지요?"

죄인 "이 사람은 김영창이올시다."

정임 "여러 번 묻기는 너무 불안합니다마는, 내게 은인이 되시는 터에 자세히 알아야 하겠습니다. 황송한 말씀으로 춘부장은 누구시오니까?"

죄인 "은인이라 하심은 천만의 말씀이올시다. 우리 선친은 ○○올시다."

정임 "그러면 관직은 무슨 벼슬을 지내셨습니까?"

죄인 "비서승 지내시고 초산 군수로 돌아가셨습니다."

하면서 눈살을 찡그리는데 정임이는 그 말 들으매 다시 물을 것 없이 뇌수에 맺혀 있는 그 영창이라. 죽은 줄 알던 영창이를 뜻밖에 만나니 정신이 아득아득하며 기쁜 마음이 진하여 슬픈 생각이 생겨서 아무 말 못하고 눈물이 비 오듯 하는데, 영창이는 감옥서에 갇혀서 발명하기를 근심하다가 여학생 대면시키는 것이 대단히 상쾌하여 이제는 발명되겠

---

* 송연(悚然)하다 두려워서 몸을 옹송그릴 정도로 오싹한 느낌이 있다.

다고 생각하더니, 그 여학생은 일본말로 검사와 수작하매 무슨 말인지 몰라 궁금하던 차에, 여학생이 조선말로 자세히 묻는 것이 하도 이상하여 그 얼굴을 살펴보니, 남문역에서 한번 이별한 후로 십 년을 못 보던 정임의 용모가 여전하나 역시 의아하여 다른 말은 할 수 없고 다만 묻는 말만 대답하더니, 마침내 낙루하는 것을 보매 의심이 더욱 나서 한번 물어 본다.

영창 "여보시오, 자세히 물으시기는 웬일이며, 또 낙루하시기는 어찌한 곡절이오니까?"

정임 "나를 생각지 못하시오? 나는 이 시종의 딸 정임이오."

하며 흑흑 흐느끼니 철석 같은 장부의 창자도 이 경우를 당하여서는 어찌할 수 없이 눈물을 보내 수건을 적시더라. 신문하던 검사는 어찌 된 까닭을 모르고 정임을 불러 묻는지라, 정임이가 영창이와 같이 자라던 일로부터 부모가 혼인 정하던 말과, 초산 민요 후에 서로 생사를 모르던 말과, 동경 와서 유학하는 원인과 오늘 의외로 만난 말을 낱낱이 이야기하니 검사가 그 말을 들으매, 김영창은 백배 애매할 뿐 아니라 그 사실이 매우 신기한지라, 검사도 정임의 절개를 무한히 칭찬하며 함께 내어 보내고, 강 소년을 잡으려고 각 경찰서로 전화도 하고 조선 유학생도 일변 조사하니, 각 신문에 '불행 위행'이라 제목하고 정임의 사실의 수미를 게재하여 극히 찬양하였으매 동경 있는 조선 유학생이 그 사실을 모를 사람이 없더라.

정임이와 영창이가 재판소에서 나와서 같이 여관으로 돌아와 마주앉으니 몽몽한 꿈 속에 보는 것도 같고, 죽어 혼백이 만난 듯도 하여 그 마음을 이루 측량할 수 없는지라.

서로 울기도 하고 웃기도 하며 그 사이 풍파 겪고 고생하던 이야기를 작약히 하다가 횡빈 영국 영사관으로 내려가서 정임이는 스미스를 보고 영창이 구제함을 감사히 치하하고, 영창이는 공교히 정임이 만난 말을 하며 본국으로 나가서 혼례 지낼 이야기를 하니, 스미스도 대단히 신기히 여기고 혼례 준비금 삼천 원을 주는지라, 정임이는 곧 장문 전보를 본가로 보내고 영창이와 함께 발정하여 서울 남대문 정거장을 가까이 오니, 한강은 용용하고 남산은 의의하여 의구한 고국 산천이 환영하는 뜻을 머금었더라.

정임이 동경으로 가던 그 이튿날 아침에 이 시종 집에서는 혼인 잔치 차리느라고 온 집안이 물 끓듯 하며 봉채 시루를 찐다, 신랑 마중을 보낸다 법석을 하는데, 신부는 방문을 척척 닫고 일고삼장*하도록 일어나지 아니하매 이 시종 부인이 심히 이상히 여기고,
　"이애 정임아, 오늘 같은 날 무슨 잠을 이리 늦게 자느냐? 어서 일어
　　나서 머리도 빗고 세수도 하여라. 벌써 수모*가 왔다."
하며 방문을 열어 보니 정임이는 간 곳 없고 웬 편지 한 장이 자리 위에 펴 있는데,

불효의 딸 정임은 부모를 떠나 멀리 가는 길을 임하여 죽기를 무릅쓰고 두어 마디 황송한 말씀을 아버님 어머님께 올리나이다. 대저 사람이 세상에 처하여 윤강을 지키지 못하면 가히 사람이랄 것 없이 금수와 다르지 아니함은 정한 일이 아니오니까. 그러하온데 부모께옵서 기왕 이 몸을 영창이에게 허혼하였사오니 비록 성례는 아니하였을지라도 영창의 집 사람이 아니라고 할 수 없는 터이라 어찌 영창이 있고 없는 것을 헤아리오리까. 지금 사세로 말씀하오면 위에 늙은 부모가 계시고 아래에 사나이 동생이 없으매 그 정형이 대단히 절박하오니 그 사정을 알지 못하는 바는 아니오나, 지금 만일 부모의 두 번 명령하심을 복종하와

＊일고삼장(日高三丈)　아침 해가 높이 떴음.
＊수모(手母)　신부의 단장 및 그 밖의 일을 곁에서 거들어주는 여자.

다른 곳으로 또 시집가오면 이는 부모로 하여금 그른 곳에 빠지게 하여 오륜의 첫째를 위반함이요, 이 몸으로서 절개를 잃어 삼강의 으뜸을 문란케 함이오니, 정임이가 비록 같지 못한 계집아해오나 어찌 조그마한 사정을 의지하여 윤강을 어기고 금수에 가까운 일을 차마 행하오리까. 그러하므로 죽사와도 내일 일은 감히 이행치 못하옵고 곧 만리붕정*의 먼 길을 향하오니, 부모의 슬하를 떠나 걱정을 시키는 일은 실로 불효 막심하오나 백 번 생각하고 마지 못하여 행하옵나이다. 그러하오나 멸학매식한 천질*로 해외에 놀아 문명 공기를 마시고 좋은 학문을 배워 돌아오면 이 어찌 영화가 되지 아니하오리까. 머지 아니하여 돌아오겠 사오니 과도히 근심 마옵시기를 천만 바라오며, 급히 두어 자로 갖추지 못하오니 아버님 어머님은 만수무강하옵소서.

　부인이 이 편지를 집어들고 깜짝 놀라며 자세히 보지도 않고 사랑에 있는 이 시종을 청하여 그 편지를 주며 덜덜 떠는 말로,
　부인 "이거 변괴요그려. 요런 방정맞은 년 보아."
　이 시종 "왜 그리여, 이게 무엇이야…… 응?"
　부인 "고년이 평일에 동경 유학을 원하더니 아마 일본을 갔나 보오. 고년이 자식이 아니라 애물이야. 고 어린 년 어디 가서 고생인들 오죽할라구. 고년이 요런 생각을 둔 줄 알았더면 아해년으로 늙어 죽더라도 고만두었지. 그러나저러나 아무 데를 가더라도 죽지나 말았으면."
하며 무당 넋두리하듯 하는데 이 시종이 그 편지를 다 보더니,
　이 시종 "여보, 요란스럽소. 떠들지 마오."
하고 전보지를 내어 정임이 압류하여 달라고 부산 경찰서로 보내는 전

---

* 만리붕정(萬里鵬程) 멀고도 큰 앞길.
* 천질(賤質) 자기의 품성이나 자질을 낮추어 이르는 말.

보를 써 가지고 전보 부칠 돈을 꺼내려고 철궤를 열어 보니, 귀 떨어진 엽전 한 푼 아니 남기고 죄다 닥닥 긁어내었는지라 하릴없이 제일은행 소절수*에 도장을 찍어 지갑에 넣더니,

　　이 시종 "여보 마누라, 나는 전보 부치고 바로 부산까지 다녀올 터이니 집안일은 마누라가 휘갑*을 잘 하시오."

하고 나갔는데, 부인은 정신없이 허둥지둥할 사이에 잔치 손님이 꾸역꾸역 모여들고, 마침 중매아비 정임의 외삼촌이 오는지라, 부인이 그 동생을 붙들고 정임이 이야기를 한창 하는 판에 새신랑이 사모관대하고 안부*를 말머리에 앞세우고 우적우적 달려드니, 부인 남매는 신부가 밤 사이 도망하였다는 말을 어찌하며, 또 갑자기 죽었다고 핑계도 할 수 없는 터이라 어찌할 줄 모르고 창황망조*하다가 동에 닿지도(조리에 맞지도) 않는 말로 신부가 지나간 밤에 급히 병이 나서 병원에 가 있다고 우선 말하니 그 눈치야 누가 모르리오. 안손, 바깥손, 내 하인, 남의 하인 할 것 없이 모두 이 구석에도 몰려서 수군수군, 저 구석에도 몰려서 수군수군하는데, 신부 없이 혼인을 어찌 지낼 수 있으리오.

　　닭 쫓던 개는 지붕이나 쳐다보지마는 장가들러 왔던 신랑은 신부를 잃고 뒤통수를 치고 돌아서고, 정임의 외삼촌은 즉시 신랑의 부친 박 과장을 가서 보고 정임의 써 놓고 간 편지를 내보이며, 사실의 수미를 자세히 이야기하고 무수히 사과하였으나 그 창피한 모양은 이루 말할 수 없으며, 이 시종은 그 길로 즉시 부산을 내려가서 연락선 타는 선창목을 지키나, 그 때 색주가 서방에게 잡혀가 갇혀 있는 정임이를 어찌 그림자나 구경할 수 있으리오. 하릴없이 그 이튿날 도로 올라오는 길에

＊소절수(小切手)　수표의 구칭.
＊휘갑　너더분한 일을 잘 마무리함.
＊안부(雁夫)　전통 혼례식에서 신부 집에 기러기를 가지고 갈 때 기러기를 들고 신랑 앞에 서서 가는 사람.
＊창황망조　어떻게 할 겨를도 없이 다급함.

경찰서에 가서 간권히 다시 부탁하고 왔으나 정임이는 일본옷 입고 일본 사람 틈에 끼여 갔으매 경찰서에서도 알지 못하고 놓쳐 보낸 것이더라.

이 시종 내외는 생세지락을 그 외딸 정임에게만 붙이고 늙어가는 터이라 응석도 재미로 받고, 독살도 귀엽게 보며, 근심이 있다가도 정임이 얼굴만 보면 없어지고, 화증이 나다가도 정임이 말만 들으면 풀어지며, 어디를 갔다오다가도 대문께에서 정임이부터 찾으며 들어오는 터이더니, 정임이가 흔적 없이 한 번 간 후로 정임의 거동은 눈에 암암하고, 정임의 목소리는 귀에 쟁쟁하여 정임이 생각에 곤한 잠이 번쩍번쩍 깨어 미칠 것같이 지내는데, 어느 날 아침에는 하인이 어떤 편지 한 장을 가지고 들어오며,

"이 편지가 댁에 오는 편지오니까? 우체 사령이 두고 갔습니다."
하는데 피봉 전면에는 '경성 북부 자하동 108-10 이 시종 ○○ 귀하'라 쓰고 후면에는 '동경시 하곡구 기판정 십일 번지 상야관 이정임.' 이라 하였는지라, 이 시종이 받아 보매 눈이 번쩍 띄어,

이 시종 "마누라 마누라, 정임이 편지가 왔소그려."
부인 "아에그, 고년이 어디 가서 있단 말씀이오?"
하며 반가운 마음을 이기지 못하여 비죽비죽 우는데 이 시종이 그 편지를 떼어 보니,

미거*한 여식이 오괴*한 마음으로 불효됨을 생각지 못하옵고, 홀연히 한 번 집 떠난 후에 성사를 오래 궐하오니 지극히 황송하옵고 또한 문후*할 길이 없사와 민울한 마음이 측량 없사오며 그 사이 추풍은 불

---

* 미거(未擧) 철이 나지 않아 사리에 어두움.
* 오괴 물정에 어둡고 괴벽함.
* 문후(問候) 윗사람의 안부를 묻는 것.

어 다하고 쌓인 눈이 심히 춥사온데 기체후 일향만안하옵시고, 어머님께옵서도 안녕하시오니까. 복모구구* 불리웁지 못하오며, 여식은 그 때 곧 동경으로 와서 공부하고 잘 있사오나, 아버님 어머님 뵈옵고 싶은 마음과 부모님께옵서 이 불효 자식을 과히 근심하실 생각에 잠이 달지 아니하며, 먹어도 맛을 알지 못하고 항상 민망히 지내옵나이다.

그러하오나 집에 있을 때에 지어주는 옷이나 입고 다 해놓은 밥이나 먹으며 사나이가 눈에 띄면 큰 변으로 알아 대문 밖을 구경치 못하옵다가, 이 곳에 와서 처음으로 문명국의 성황을 관찰하오매 시가의 화려함은 좁은 안목에 모두 장관이옵고, 풍속의 우미함은 어둔 지식에 배울 것이 많사와 날마다 풍속 시찰하기에 착심하고 있사오니, 본국 여자는 모두 집안에 칩복*하여 능히 사람된 직책을 이행치 못하고 그 영향이 국가에까지 미치게 함이 마음에 극히 한심하옵기, 속히 학교에 입학하여 신학문을 많이 공부하여 가지고 귀국하와 일반 여자계를 개량코자 하옵나이다. 이 자식은 자식으로 생각지 마옵시고 너무 걱정 마시기를 천만 바라오며, 내내 기운 안녕하옵시기 엎디어 비옵고 더할 말씀 없사와 이만 아뢰옵나이다.

년 월 일 여식 정임 상서.

그 편지를 내외분이 돌려가며 보다가,

부인 "아이그 고년이야, 어린 년이 동경을 어찌 갔나. 고년, 조꼬만 년이 맹랑도 하지. 영감은 그 때 부산서 무엇을 보고 오셨소? 경관도 변변치 못하지……. 그리고저러고 아무 데든지 잘 가 있다는 소식을 알았으니 시원하오마는, 우리가 늙어 오늘 죽을지 내일 죽을지 모르는 처지에 그 딸자식 하나를 오래 그리고는 못살겠소. 그렇게 할 것 없이 영감

---

* 복모구구(伏慕區區) '삼가 사모하는 마음 그지없습니다' 의 뜻.
* 칩복(蟄伏) 자기 처소에 들어박혀 몸을 숨김.

이 가서 데리고 오시오. 시집만 보내지 아니하면 고만이지요. 제가 마다고 아니 가는 시집을 부모인들 어찌하겠소."

이 시종 "그렇지마는 사유가 이렇게 된 이상에 그것을 데려오면 어떻게 한단 말이오. 점점 모양만 더 창피하니 나중에 어찌하든지 저 하는 대로 내버려 두고 왁자히 소문 내지 마시오."

부인은 단지 그 딸을 간 곳도 모르고 그리던 끝에 보고 싶은 생각이 더욱 바빠서 한 말인데, 그 남편의 대답이 이렇게 나가매 조조한 마음을 참고 있으나, 원래 부인의 성정이라 딸 보고 싶은 생각만 나면 그만 데려오라고 은근히 그 남편을 조르는 터이지마는, 이 시종은 그렇지 아니한 이유를 그 부인에게 간곡히 설명하고 다달이 학자금 오십 원씩 보내주며, 언제든지 제 마음 내키는 대로 돌아오기만 기다리고 두 내외가 비둘기같이 의지하여 한 해 두 해 지내는데, 늙어갈수록 정임의 생각이 간절하여 몸이 좀 아프기만 하면 마음이 더욱 처연한 터이라.

하루는 부인이 몸이 곤하여 안석에 의지하였는데 홀연히 마음이 좋지 못하여, '몸이 이렇게 은근히 아프니 아마 정임이를 다시 못 보고 황천에 가려나 보다.' 하며 생각하고 누웠더니 서창으로 솔솔 불어오는 맑은 바람에 낮잠이 혼곤히 오는데, 전에 살던 교동 집에서 옥동 박 신랑과 정임이 혼인을 지낸다고 수선하는 중에 난데없는 영창이가 칼을 들고 별안간 달려들며 내 계집을 또 시집 보내는 놈이 누구냐고 소리를 벽력같이 지르고 이 시종을 칼로 찍으니 이 시종이 마루에 넘어져서 발을 버둥버둥하며 '어…… 어.' 하는 소리에 잠을 번쩍 깨니, 대문간에서 어떤 사람이 문을 두드리며,

"전보 들여가오, 전보 들여가오."
하는 소리에 귀가 그렇게 들리는지라.

그 때 하인은 다 어디로 갔던지 부인이 급히 나가 전보를 받아보니

정임에게서 온 전보이라. 꿈 생각하고 정임이 전보를 받으매 가슴이 선뜻하여 급히 떼어보니 전보지는 대여섯장 겹치고 전문은 모두 꾸불꾸불한 일본 국문이라, 볼 줄은 알지 못하고 갑갑하고 궁금하여,

"이게 무슨 말인고. 이 사이 꿈자리가 어지럽더니 근심스러운 일이 또 생겼나 보다. 제가 나올 때도 되었지마는 나온다는 말 같으면 이렇게 길게 아니할 터인데, 아마 병이 들어 죽게 되었다는 말이겠지."
하며 중얼중얼하는 때에 이 시종이 들어오는지라.

부인이 전보를 내놓으며 꿈 이야기를 하는데 이 시종도 역시 소경단청*이라, 서로 답답한 말만 하다가 일본 어학 하는 사람에게 번역해다가 보니 다른 말 아니요, 상야 공원에서 봉변하던 말과 의외에 영창이 만난 말과 영창이와 방금 발정하여 어느 날 몇 시에 서울 도착한다는 말이라. 일변 놀랍기도 하고 일변 반갑기도 하여, 이 시종은 감투를 둘러쓰고 돌아다니며 작은 사랑을 수리해라, 건넌방에 도배를 해라 분주히 날치고, 부인은 안방으로 들어갔다 마루로 나섰다 정신 없이 수선하며 내외가 밥 먹을 줄도 모르고 잠잘 줄도 모르고, 칙사*나 오는 듯이 야단을 치더니 정임이 입성한다는 날이 되매 남대문역으로 정임이 마중을 나가는데 정임이 타고 오는 기차가 도착하니, 그 때 정거장 한 모퉁이에는 서로 붙들고 눈물 흘리는 빛이더라.

정임이는 좋은 학문도 많이 배우고 가슴에 못이 되던 영창이를 만나서 다섯 해 만에 집에 돌아와 그 부모를 뵈니 이같이 기쁜 일은 다시 없이 여기고 왕사*는 다 잊어버린 터이지마는 이 시종은 좋은 마음이야 오죽할 것이나, 정임이를 박 과장 집으로 시집 보내려고 하던 생각을 하매 정임이 볼 낯도 없을 뿐더러, 더구나 영창이 보기가 면난*하여 좋

----

*소경단청 소경이 단청 구경함. 즉 내용의 분별도 못하며 사물을 봄.
*칙사(勅使) 임금의 명령을 전달하는 특사.
*왕사(往事) 지나간 일.
*면난 남을 대할 때에 부끄러워하여 얼굴이 붉어짐.

은 마음은 속에 품어두고 정임이나 영창이를 대할 적마다 부끄러운 기색이 표면에 나타나더니, 그 일은 이왕 지나간 일이라 그런 생각은 다 접어놓고 일변 택일을 하고 일변 잔치를 차리며, 일변은 친척 고우*에게 청첩 보내서 신혼 예식을 거행하는데, 예식을 습관으로 할 것 같으면 전안도 하고 초례도 하겠지마는 이 시종도 신식을 좋아하거니와 신랑 신부가 모두 신공기 쏘인 사람이라, 구습은 일변 폐지하고 신식을 모방하여 신혼식을 거행한다.

신랑은 문관 대례복에, 신부는 부인 예복을 입고 청결한 예식장에 단정히 마주선 후에 신부의 부친 이 시종 매개로 악수례를 행하니, 그 많이 모인 잔치 손님들은 그런 혼인을 처음 보는 터이라, 혹 입을 막고 웃는 사람도 있고, 혹 돌아서서 흉보는 사람도 있으며 그 중에도 습관을 개혁코자 하는 사람은 무수히 찬성하는데, 한편 부인석에서 나이 한 사십 된 부인이 나서더니,

"이 사람이 아무 지식은 없사오나 오늘 혼례에 대하여 할 줄 모르는 말 서너 마디 할 터이오니 여러분은 용서하십시오."
하고 연설을 시작한다.

(연설)
대저 신혼 예식이라 하는 것은 한 남자와 한 여자가 비로소 부부가 된다고 처음으로 맹약하는 예식이 아니오니까. 그런고로 그 예식이 대단히 소중한 예식이올시다.

어째 소중하냐 하면 한 번 이 예식을 지낸 후에는 백 년의 고락을 같이하며 만대의 혈속을 전할 뿐 아니요, 남편 되는 사람은 또 장가들지 못하고 더군다나 아내 되는 사람은 다른 남자를 공경하는 일이 절대적

---

* 고우(故友) 사귄 지 오래 된 벗.

없는 법이니, 이렇게 소중한 혼례식이 어데 또 있습니까. 그러하나 그 내용상으로 말하면 이같이 중대하지마는 그 표면적으로 말하면 한 형식에 지나지 못하는 일이라고 하겠습니다.

왜 그러하냐 하면 이 예식을 지내고라도 남편이 아내를 버린다든지, 아내가 행실이 부정할 것 같으면 소위 예식이라 하는 것은 한 희롱되고 말 것이요, 만일 예식은 아니 지내고라도 부부가 되어 혼례식 지낸 사람보다 의리를 잘 지키면 오히려 예식 지내고 시종이 여일치 못하니보다 낫지 아니하겠습니까.

그러하니 그 의리라 하는 것은 이왕 말씀한 바와 같이 남편은 또 장가들지 못하고, 아내는 다른 남자를 공경치 못하는 것이올시다. 그러나 그 중에 아내 되는 사람의 책임이 더욱 중하니 서양 풍속 같으면 남녀가 동등 권리를 보유하여 남편이나 아내나 일반이지마는, 원래 동양 습관에는 남편은 어떠한 외입을 하든지 유처취처*하여 몇 번 장가를 들어도 아무 관계 없으나, 여자가 만일 한 번 실절하면 세상에 다시 용납치 못할 사람이 되니, 남녀가 동등하지 못하고 남편의 자유를 묵허함은 실로 불미한 풍속이지마는, 그는 여자가 권리를 스스로 잃는 것이라 말할 필요가 없거니와, 아내가 절개를 지키는 것은 원리적으로 여자의 직분이 아니오니까.

그러하지마는 음분난행은 많은 여자에게서 먼저 생기는 고로 옛적 성인도 '열녀는 불경이부' 라 하여 여자를 더욱 경계하셨으니 남의 아내 된 사람의 책임이 얼마나 더 중합니까. 그러하나 그 의리와 직책을 잘 지키기 장히 어려운 고로 열녀가 나면 그 영명을 천고에 칭송하는 바이 아니오니까.

그러한데 오늘 신혼식 지낸 신부 이정임이는 가히 열녀의 반열에 참

---

* 유처취처 부인 있는 사람이 또 부인을 얻음.

례하겠다 합니다. 그 이유를 말하고자 하면, 정임이 강보에 있을 때에 그 부모가 김영창 씨와 혼인을 정하여 서로 내외 될 사람으로 인정하고 같이 자라났으니, 그 관계로 말하든지 그 정리로 말하든지 그 형식에 지나가지 못하는 혼례식 아니 지냈다고 어찌 부부의 의리가 없다 하리까. 그러나 중도에 영창 씨의 종적을 알지 못하니 만일 열녀가 아니면 다른 곳으로 시집갔으련마는 그 의리를 지키고 결코 김영창 시를 저버리지 아니하여 천곤백난*을 지내고 기어코 김영창 씨를 다시 만나 오늘 예식을 거행하니 그 숙덕*이 가히 열녀가 되겠습니까, 못 되겠습니까? 여러분 생각하여 보시오. (내빈이 모두 박수한다.) 또, 신혼 예식 절차로 말씀하면 상고 시대에 나무 열매 먹고 풀로 옷 지어 입을 때에야 어찌 혼인이니 예식이니 하는 여부가 어데 있으리까. 생생지리*는 자연한 이치인 고로 금수와 같이 남녀가 난잡히 상교하매 저간에 무한한 경쟁이 있더니, 사람의 지혜가 조금 발달되어 비로소 검은 말가죽으로 폐백하고 일부일부가 작배함으로부터 차차 혼례라 하는 것이 발명되었는데, 그 예식은 고금이 다르고 나라마다 다를 뿐 아니라, 아까 말씀한 것과 같이 한 형식에 지나지 못하는 것이올시다. 그러하니 그 형식에 지나지 못하는 예식의 절차는 아무쪼록 간단하고 편리한 것을 취하는 것이 좋지 아니하겠습니까.

그러한데 조선 풍속에는 혼인을 지내려면 그 날 신랑은 호강하지마는 신부는 큰 고생하는 날이올시다. 얼굴에는 회박을 씌워서 연지 곤지를 찍고 눈은 왜밀로 철꺽 붙여 소경을 만들어 앉히고 엉덩이가 저려도 종일 꼼짝 못하게 하니 혼인하는 날같이 좋은 날 그게 무슨 못할 일이오니까. 여기 계신 여러 부인도 아마 그런 경우 한 번씩은 다 당해 보셨

* 천곤백난(千困百難) 온갖 고난.
* 숙덕(淑德) 정숙하고 단아한 여자의 미덕.
* 생생지리(生生之理) 사귄 지 오래 된 벗.

겠습니다마는 그렇게 괴악한 습관이 어데 있습니까. 이 중에 혹 '저것도 예식이라고 하나?' 하는 분도 계실 듯하지마는 그렇지 않습니다. 좋지 못한 구습을 먼저 개혁하는 사람이 없으면 어떠한 일이든지 도저히 개량하여 볼 날이 없습니다. 오늘 지낸 예식이 가히 조선에 모범이 될 만하오니 여러분도 자녀간 혼인을 지내시거든 오늘 예식을 모방하십시오. 나는 정임의 외삼촌 숙모가 되는 사람이나 조금도 사정 둔 말씀이 아니오니 여러분은 깊이 헤아리시기를 바라오며, 변변치 못한 말씀을 오래 하오면 들으시기에 너무 지리하고 괴로우실 듯 하와 고만두겠습니다.

연설을 마치매 남녀간 손님이 모두 박수갈채하고 헤어져 가는데, 그날 밤 동방화촉에 원앙금침을 정답게 펴 놓으니 만실춘풍에 화기가 융융하고 이 시종은 희색이 만면하여 사랑에서 친구와 술 먹으며 그 딸의 사실 일장을 이야기하더라.

상야 공원에서 정임을 칼로 찌르던 강 소년은 대구 부자의 아들인데, 열네 살에 그 부친이 죽으매 열다섯 살부터 외입에 반하여 경향으로 다니며 양첩도 장가들고 기생도 떼어 팔선녀를 꾸려서 여기저기 큰 집을 다 각각 배치하고 화려한 문방구나 잡화상을 벌이며, 각종의 음악기와 연극장을 설립하여 놓고, 이집 저집 돌아다니며 무궁한 행락을 하다가 못하여 그것도 오히려 부족히 여기고, 주사청루*는 거르는 날이 없으며, 산사강정에 아니 노는 곳이 없이 그 방탕함이 끝이 없으매, 저의 집 십만여 원 재산이 몇 해 아니 가서 다 없어지고 종조리판에는 토지 가옥까지 몰수이* 강제 집행을 당하니 그 많던 계집들도 물 흐르고 구름

* 주사청루(酒肆靑樓) 술집 · 기생을 통틀어 이르는 말.
* 몰수이 있는 수효대로 온통.

가듯 하나 둘씩 뿔뿔이 다 달아나고 제 몸 하나만 홀연히 남았다.

대저 음탕무도하던 놈이 이 지경이 되면 개과천선할 줄은 모르고 도적질할 생각이 생기는 것은 하등 인류의 자연한 이치라, 그 소년도 제 신세 결딴나고 제집 망한 것은 조금도 후회 없고, 단지 흔히 쓰던 돈 못 쓰고 잘하던 외입 못하는 것이 지극히 민망하여 곧 육촌의 전답문권을 위조하여 만 원에 팔아 가지고 또 한참 흥청거리다가, 그 일이 발각되어 육촌이 정장*하였으므로 관가에서 잡으려고 하매 즉시 동경으로 달아나, 산본이라 하는 노파의 집에 주인을 잡고 있는데 아무 소관사 없이 오래 두류하는 것을 모두 이상히 여길 뿐 아니요, 경찰서 조사에 대답하기가 곤란하여 유학생인 체하고 어느 학교에 입학하였다.

조금만 생각 있는 놈 같으면 별풍상 다 겪고 내 재물 그만치 없앴으니 동경같이 좋은 곳에 와서 남의 경황을 구경하였으면 제 마음도 좀 회개할 듯하건마는, 개꼬리를 땅에 삼 년 묻어 두어도 황모*가 되지 아니한다고, 학교에 입학은 하였으나 공부에는 정신없고 길원 같은 화류장에나 종사하며 얼굴 반반한 여학생이나 쫓아다니는 터인데, 정임이 학교에 가는 길이 강 소년 학교에 오는 길이라, 정임이는 몰랐으나 강 소년은 정임이를 학교에 갈 적 만나고 올 적 만나매 음흉한 욕심이 가슴에 탱중하여, 정임이 다니는 학교에까지 따라가 보기도 하고 정임이 있는 여관 앞까지 쫓아와 보기도 하였으나, 정임이가 대문 안으로 쑥 들어가기만 하면 한 겹 대문 안이 태평양을 격한 것같이 적막하고 다시 소식 없어 마음에 점점 감질만 나게 되매 항상 '그 여학생을 어찌하면 한 번 만나볼꼬.' 하고 생각하더니 어떻게 알아보았던지 그 여학생이 조선 사람인 줄도 알고 이름이 이정임인 줄도 알았으나, 어떻게 놀려낼 수단이 없어 주인의 딸 산본영자를 시켜 여학생 일요 강습회를 조직하

---

* 정장(呈狀) 소송장을 관청에 바치는 것
* 황모(黃毛) 족제비의 꼬리털.

고, 이정임을 유인하여 회장을 만들어 놓고, 자기는 재무 촉탁이 되어 정임이와 관계나 가까이 되고 면분이나 두터워지거든 어떻게 꾀어볼까 한 일인데 사맥은 여의히 되었으나 정임의 정숙한 태도에 압기가 되어 말도 못 붙여보고 또 산본 노파를 소개하여 정당히 통혼도 하여보다가 그 역시 실패하매 이를 것 없이 분히 여기던 차에, 공교히 호젓한 불인지가에서 만나 달빛에 비치는 자색을 다시 보매 불 같은 욕심이 바짝 나서 어찌 되었든지 한 번 쏘아보리라 하다가 종내 그렇게 행패하고, 그 길로 도망하여 조선으로 나왔으나 죄진 일이 한두 가지 아니매 집으로는 가지 못하고 바로 서울 와서 변성명하고 돌아다니더니, 계집의 집에 같이 다니던 유학생 친구를 만나니, 그야말로 유유상종이라고 그 친구도 역시 강 소년과 한 바리에 실을 사람이라.

장비*는 만나면 싸움이라더니 이 두 사람이 서로 만나면 아무것도 할 일 없고, 요리가 아니면 계집의 집으로 가는 일밖에 없는 터이라. 이때에 또 만나서,

"이애, 오래간만에 만났으니 술이나 한 잔씩 먹자."

"무슨 맛에 술만 먹는단 말이냐. 술을 먹으려거든 은군자 집으로 가자."

하며 두서너 마디 수작이 되더니 으늑하고 조용한 곳으로 찾아가느라 가는 것이 잣골 이 시종 집 옆에 있는 진주집이라 하는 밀매음녀 집에 가서 술을 먹는데, 그 친구는 동경서 '불행 위행'이란 신문 잡보도 보고 경찰서에서 유학생 조사하는 통에 강 소년이 그런 짓하고 도망한 줄 알고 조선을 나왔으나, 강 소년을 만나매 남의 단처를 아는 체할 필요가 없어 그 일 아는 생색도 아니하고 계집 데리고 술 먹으며 정답고 재미있게 밤이 깊도록 노는 터이러니, 원래 탕자 잡류의 경박한 행동은 정

---

* 장비 중국 삼국 시대 촉나라의 맹장.

다운 친구 술 먹으러 가재놓고도 수틀리면 때리고 욕하기는 항용 하는 일이라. 두 사람이 술이 잔뜩 취하여 횡설수설 주정을 하던 끝에 주인 계집 까닭으로 시비가 되어 옥신각신 다투다가, 술상도 치고 세간도 부수더니 점점 쇠어 큰 싸움이 되며 뺨도 때리고 옷도 찢으며 일장풍파가 일어나서 내가 옳으니 네가 옳으니, 재판을 가자 호소를 가자 하며 멱살을 서로 잡고 이 시종 집 대문 앞에서 싸우는 소리가,

    친구 "이놈, 네가 명색이 무엇이냐. 네까짓 놈이 뉘 앞에서 요따위 버르장이를 하여! 네가 요놈 동경서 여학생 정임이를 죽이고 도망해 나온 강가 놈이지. 너 같은 놈은 내가 경무청에 고발만 하면 네 죄는 경하여야 종신 징역이다. 요놈, 죽일 놈 같으니!"

하며 닭 싸우듯 하는 소리가 벽력같이 이 시종 집 사랑에까지 들리더라. 이 때는 곧 정임이 신혼식 지내던 날 저녁이라, 이 시종이 사랑에서 친구와 술 먹으며 정임이 이야기를 하는데, 상야 공원에서 강 소년이 행패하던 말을 막 하는 판에 모든 사람이 매우 통분히 여기는 때에 별안간 문 밖에서 와자하는 소리가 나는지라, 여러 사람이 모두 귀를 기울이고 듣더니, 그 좌석에 북부 경찰서 총순* 다니는 사람이 앉았다가 그 싸움 소리를 듣고 즉시 쫓아나가 그 소년을 잡으니 갈 데 없는 강 소년이라, 온 집안이 들썩들썩하며,

    "아이그, 고놈 용하게도 잡혔다."

    "고놈 상판대기가 어떻게 생겼나 좀 구경하자."

    "요놈이 살인 미수범이니까 몇 해 징역이나 될꼬."

하며 어른 아해가 모두 재미있어하다가 그 소년은 곧 북부 경찰서로 잡혀가니 온 집안이 고요하고 종려나무 그림자 밑에 학의 잠이 깊었는데, 정임이 신방에서 낭랑옥어가 재미있게 나더라.

---

* 총순(總巡) 구한국 때 경무청에 두었던 벼슬.

신혼 여행

조선 습관으로 말하면 혼인 갓 한 신랑 신부는 서로 말도 잘 아니하고 마주앉지도 못하여 가장 스스러운 체하는 법이요, 더구나 신부는 혼인한 지 삼 일만 되면 부엌에 내려가 밥이나 짓고 반찬이나 만들기를 시작하여 바깥은 구경도 못하는 터이라 내외가 한가지 출입하는 일이 어디 있으리오마는, 영창이 내외는 혼인 지내던 제삼일에 만주 봉천으로 신혼 여행을 떠난다. 내외가 나란히 서서 정답게 이야기하며 정거장으로 나가는 모양이, 영창이는 프록 코트에 고모를 쓰고, 한 손으로 정임이 분홍 양복 땅에 끌리는 치맛자락을 치어들었으며, 정임이는 옥색 우산을 어깨 위에 높이 들어 영창이와 반씩 얼러 받았는데, 그 요조한 태도는 가을 물결 맑은 호수에 원앙이 쌍으로 나는 것도 같으며, 아침볕 성긴 울에 조안화*가 일시에 웃는 듯도 하더라.

신혼 여행은 서양 풍속에 새로 혼인한 신랑 신부가 서로 심지도 흘러보고 학식도 시험하며 처음으로 정분도 들이고자 하여 외국이나 혹 명승지로 여행하는 것인데, 만일 서로 지기가 상합치 못하면 그 길에 이혼도 하는 일이 있지마는, 영창이 내외야 무슨 심지를 더 흘러보고 어떤 정분을 또 들이며 어찌 이혼 여부가 있으리오마는, 유람도 할 겸 운동도 할 겸 서양 풍속을 모방하여 떠나는 여행이라, 남대문 정거장에서 의주 북행차 타고 가며 곳곳을 구경하는데, 개성에 내려 황량한 만월대와 처창한 선죽교의 고려 고적 구경하고, 평양 가서 연광정에 오르니, 그 한유한 안계는 대동강 비단 같은 물결에 백구는 쌍으로 날고 한가한 돛대는 멀리 돌아가는 경개가 가히 시인소객*의 술 한 잔 먹을 만한 곳

---

* 조안화(朝顔花) 나팔꽃.
* 시인소객(詩人騷客) 중국 초나라의 굴원이 지은 〈이소부〉에서 유래한 말로, 서정적인 시부 및 글을 쓰는 사람을 말함.

이라.

행장의 포도주를 내어 서로 권하며 전일 평양 감사 시대에 백성의 피 빨아가지고 이 곳에서 기생 데리고 풍류하며 극호강들 하던 것을 탄식하다가, 곧 부벽루·모란봉·영명사·기린굴 낱낱이 구경하고, 그 길로 안주 백상루, 용천 청류당 다 지나서 의주 통군정에 올라 난간에 의지하여 압록강싱의 풍범사도의 연운죽주를 바라보더니 영창이 얼굴에 초창한 빛을 띠고 손을 들어 사장을 가리키며,

영창 "저 곳이 내가 스미스 박사를 만났던 곳이오. 저 곳을 다시 보니 감구지회를 이기지 못하겠소. 이 완악한 목숨은 살아 이 곳에 다시 왔으나, 우리 부모는 저 강물에 장사지내고 다시 뵈옵지 못하겠으니 천추에 잊지 못할 한을 향하여 호소할 데가 없소그려."

하고 바람을 임하여 한숨을 길게 쉬며 흐르는 눈물을 금치 못하니, 정임이도 그 말 듣고 그 모양 보매 자연 비감한 생각이 나서 역시 눈물을 씻으며,

정임 "그 감창한 말씀이야 어찌 다 하오리까. 오늘날 부모가 살아 계시면 우리를 오죽 귀애하시겠소. 그 부모가 우리를 그렇게 귀히 길러 재미를 못 보시고 중도에 불행히 돌아가셨으니, 지하에 가서 차마 눈을 감지 못하실 터이오. 우리도 그 부모를 봉양코자 하나 어찌할 수 없으니 그야말로 자욕효이 친부재*요그려. 그러나 과도히 슬퍼 마시고 아무쪼록 귀중한 몸을 보전하시오."

이렇게 서로 탄식도 하며 위로도 하다가, 즉시 압록강을 건너 구련성 구경하고 계관역에 내려 멀리 계관산·송수산을 지점하며,

영창 "이 곳은 일로전역* 당시에 일본군이 대승리하던 곳이오그려."

---

* 자욕효이 친부재(日露戰役) '자식은 효도하고자 하나 부모님은 돌아가셔서 아니 계신다' 는 뜻.
* 일로전역(日露戰役) 러일 전쟁.

내가 이 곳을 지나가 본 지 몇 해가 못 되는데 벌써 황량한 고전장이 되었네."

정임 "아……. 가련도 하지. 저 청산에 헤어진 용맹한 장사와 충성된 병사의 백골은 모두 도장 속 젊은 부녀의 꿈 속 사람들이겠소그려."

영창 "응, 그렇지마는 동양 행복의 기초는 이 곳 승첩에 완전히 굳고 저렇게 철도를 부설하며 시가를 개척하여 점점 번화지가 되어가니, 이는 우리 황색 인종도 차차 진흥되는 조짐이지요."

이렇게 수작하며 가을빛을 따라 늦은 경을 사랑하며 천천히 행보하여 언덕도 넘고 다리도 건너며 단풍가지를 꺾어 모자에 꽂기도 하고, 잔잔한 청계수를 움켜 손도 씻더니 어언간에 저문 해는 서산을 넘고 저녁 연기는 먼 수풀에 얽혔는지라.

영창 "해가 저물었으니 고만 정거장 근처로 돌아갑시다. 오늘밤은 이 곳에서 자고 내일 일찍이 떠나가며 구경하지."

정임 "내일은 어데어데 구경할까요? 요양 백탑과 화표주는 어데쯤 있으며, 여기서 심양 봉천부는 몇 리나 남았소? 아마 봉황성은 가깝지. 그러나 계문연수가 구경할 만하다는데 그 구경도 할 겸 이 길에 북경까지 갈까?"

하며 막 돌아서서 정거장을 향하여 오는데, 한편 산모퉁이에서 난데없는 청인 한 떼가 혹 말도 타고, 혹 노새도 타고 우 달려들며 두말없이 영창이를 잔뜩 결박하여 나무 수풀에 제쳐 매어놓고 일변 수대도 빼앗고, 시계도 떼고, 안경도 벗겨 모두 주섬주섬하여 가지고 정임이를 번쩍 들어 말께 치켜 앉혀놓고 꼼짝도 못하게 층층 동여매더니 채찍을 쳐서 급히 몰아가는지라.

정임이는 여러 번 놀라 본 터에 또 꿈결같이 이 변을 당하매 가슴이 덜컥 내려앉고 간이 콩알만해지며 자기 잡혀가는 것은 고사하고 그 남편이 어찌 된지 몰라 눈이 캄캄하고 정신이 아득아득하여 그 마음을 지

향할 수 없으나 그 형세가 불가항력이라 속절없이 잡혀가는데, 어디로 가는지 한없이 가다가 한 곳에 다다라 궁궐같이 큰 집 속으로 들어가더니, 정임이를 대청에 올려 앉히고 그 여러 놈이 좌우로 늘어서서 똥 본 오리처럼 무엇이라고 지껄이매 그 상좌에 기골이 장대하고 용모가 준수한 청인이 흰 수염을 쓰다듬고 앉아서 기쁜 빛이 얼굴에 가득하여 빙글빙글 웃으며 정임을 향하고 무슨 말을 묻는 것 같으나, 정임이는 말도 알아듣지 못할 뿐더러 그 때는 놀란 마음 무서운 생각 다 없어지고 단지 악만 바짝 나는 판이라,

　　정임　"나 도무지 개 같은 오랑캐 소리 몰라."

하고 쇠 끊는 소리를 지르니 그 청인의 옆에 앉았던 한 노인이 반가운 안색으로,

　　노인　"여보, 그대가 조선 사람이오그려. 조선말 소리를 들으니 반갑기는 하구먼……. 응……. 집이 어디인데 어찌되어 저 지경을 당하였단 말이오?"

하는 말이 조선말을 듣고 대단히 반갑게 여기는 모양이니, 정임이도 역시 위험한 경우를 당한 중에 본국 사람을 만나니 마음에 적이 위로되어,

　　정임　"집은 서울인데 만주로 구경왔다가 불의에 이 변을 만났습니다."

하고 대답하며 그 노인을 자세히 보니, 의복은 청인의 복색을 입었으되 그 얼굴이든지 목소리가 일호도 틀리지 않고 흡사한 자기 시아버지 김 승지 같으나 김 승지는 태평양으로 떠나갔는지 인도양으로 떠나갔는지 모르는 터에 이 곳에 있을 리는 만무한데, 암만 다시 보아도 정녕한 김 승지요, 심히 의아한 중에 약은 생각이 나서 내가 저 노인의 거동을 좀 보고 만일 우리 시아버지는 아닐지라도 보기에 그 노인이 아마 주인과 정다운 듯하니 이 곤란한 중에 언턱거리*나 좀 하여 보리라 하고 혼자

말로,

　　정임 "아이그, 세상에 같은 얼굴도 있지! 그 노인이 영락없이 우리
　　시아버님 같애."

하며 별안간 좍좍 우니, 그 노인이 정임이 우는 것을 한참 바라보고 무
슨 생각을 하다가,

　　노인 "여보, 그게 웬말이오? 내가 누구와 같단 말이오? 그대는 누구
　　의 따님이 되며, 그대의 시아버님은 누구신가요?"

　　정임 "나는 이 시종 ○○의 딸이요, 우리 시아버님은 김 승지 ○○신
　　데, 시아버님께서 십여 년 전에 초산 군수로 참혹히 돌아가신 후에
　　다시 뵙지 못하더니, 지금 노인의 용모를 뵈오니 이렇게 죽을 경우를
　　당한 중에도 감창한 생각이 나서 그리합니다."

그 노인이 그 말 듣더니 깜짝 놀라며,

　　노인 "응, 그리야, 그러면 네가 정임이지?"

하고 묻는데 정임이가 그 말 들으니 죽은 줄 알던 시아버지를 의외에
찾았는지라 반가운 마음에 정신이 번쩍 나서,

　　정임 "이게 원일이오니까! 신명이 도와 아버님을 뜻밖에 만나뵈오니
　　이제는 죽어도 한이 없겠습니다."

하고 일어나 절하며 생각하니, 그제야 정작 설움이 나서 느껴가며 우는
데 김 승지는 눈물을 흘리며,

　　김 승지 "네가 이게 웬일이냐, 이게 웬일이냐, 네가 이 곳을 오다니.
　　그러나 영창이 소식을 너는 알겠구나. 대관절 영창이가 초산 봉변할
　　때에 죽지나 아니하였더냐?"

　　정임 "장황한 말씀은 미처 할 수 없사옵고 영창이도 이 길에 같이 오
　　다가 이 변을 당하고 그 곳에 결박하여 놓는 것을 보고 잡혀왔는데

＊ 언턱거리 남에게 떼를 쓸 만한 핑계.

그간 어찌 되었는지 궁금하기 이를 길 없습니다."

김 승지가 그 말 듣더니 벌떡 일어나서 안을 향하여,

김 승지 "마누라, 마누라, 정임이가 왔소그려. 영창이도 같이 오다가 중로에서 봉변을 했다는걸."

하는 말에 김 승지 부인이 신을 거꾸로 끌고 허둥지둥 나오며,

부인 "그게 웬말이오, 그게 웰말이오. 정임이가 오다니, 영창이는 어떻게 되었어?"

하고 달려들어 정임의 손목을 잡고 뼈가 녹는 듯이 울며 목멘 소리가 잘 알아들을 수도 없는 말로,

부인 "너는 어찌 된 일로 이 곳에 왔으며, 영창이는 어데쯤서 욕을 본단 말이냐?"

하고 느끼며 묻는 모양은 누가 보든지 눈물 아니 날 사람 없겠더라. 그 상좌에 앉았던 청인은 정임이 화용월태를 보고 기쁜 마음을 이기지 못하는 모양이더니, 김 승지 내외가 서로 붙들고 울매 그 거동이 보기에 이상하고 궁금하던지 김 승지를 청하여 무슨 말을 묻는데, 김 승지는 그 말대답은 아니하고 정임이를 불러 하는 말이,

김 승지 "저 주공(主公)에게 인사하여라. 내가 저 주공의 구원으로 살아나서 저간에 은혜를 많이 받은 터이다."

하며 인사를 시키는지라, 정임이는 일어나서 머리를 굽혀 인사하고, 김 승지는 그제야 말대답을 하더니 그 대답이 그치매 청인은 무릎을 치며 정임을 향하여 무슨 말을 하는데 그 통변은 김 승지가 한다.

청인 "당신이 김 공의 며느님이 되신다지요? 나는 왕자인이라 하는 사람인데, 당신의 시아버님과는 형제같이 지내는 터이오. 그러나 아마 대단히 놀랐지요? 아무 염려 말고 부디 안심하시오. 잠시 놀란 것이야 어떠하리까. 오래 그리던 부모를 만나뵈니 좀 다행한 일이 되었소."

정임 "각하께오서 돌아가실 부모를 구호하시와 그처럼 친절히 지내신다 하오니 각하의 은혜는 실로 백골난망이오며 이 사람은 부모를 오래 그릴 뿐 아니라, 부모가 각하의 덕택으로 생존해 계신 줄은 모르고 망극한 마음을 죽어 잊지 못하겠삽더니, 오늘 의외에 만나뵈오매 이제는 아무 한이 없사오니 어찌 잠깐 놀란 것을 교계하오리까.

정임이는 그 왕씨를 대하여 백배사례하는데 왕씨는 일변 정임이 잡아오던 도적을 불러 그 때 정형을 자세히 조사하더니 곧 영창이를 급히 데려오라 하는지라, 그 때 정임이 마음에는, '우리 내외가 두수없이 죽은 판에 천우신조하여 부모를 만나고 화색을 모면하니 이같이 신기할 데는 없으나 영창이는 그간 오죽 애를 쓰리.' 하는 생각이 나서 '잠시라도 마음놓게 하리라.'"

하고 명함 한 장을 내어 김 승지를 주며,

정임 "아버님, 영창이를 데리러 여러 사람이 몰려가면 필경 또 놀랄 듯하오니 이 명함을 보내는 것이 어떠합니까?"

김 승지가 그 말 들으매 그럴듯하여 왕씨와 의논하고 곧 그 명함을 주어 보내고, 정임이는 자기 내외의 소경사를 대강 이야기하니, 김 승지 내외는 눈물 씻기를 마지아니하고, 왕씨도 역시 무한히 칭찬하더라.

영창이는 삽시간에 혹화를 당하여 정임이를 잃고 나무에 동여매인 채로 꼼짝 못하고 앉았으매, 이 산에서는 여우도 울고 저 산에서는 올빼미도 울며 번쩍번쩍하는 인광(도깨비불)은 여기서도 일어나고 저기서도 일어나서, 남한산성 줄불 놓듯 발부리로 식식 지나가니 평시 같으면 무서운 생각도 있으련마는 그것저것 조금도 두렵지 않고, 단지 바작바작 타는 속이 차라리 죽느니만 같지 못하게 그 밤을 지내더니, 하룻밤이 삼추*같이 지나가고 동방에 새벽 빛이 나며 먼 수풀에 새소리가 지껄이는데,

---

* 삼추(三秋) 긴 시간을 뜻함.

언덕 밑으로 어떤 청인 농부 한 사람이 지나가다가 그 광경을 보고 웅얼웅얼 탄식하며 동여매인 것을 끌러주고 가는지라, 그 농부를 향하여 무수히 사례하고 다시 앉아 생각하니, 정임이는 결코 욕보고 살지 아니할 터이요, 두말없이 죽을 사람이라.

그 연유를 관원에게 호소하자 하니, 그 호소가 대단히 묽은 호소가 될 터이요, 그대로 돌아가자 하니 정임이는 죽었는데 나는 살아 가는 것이 사람의 의리가 아닐 뿐 아니요, 설령 혼자 돌아간다 한들 정임이 부모 볼 낯도 없고 장래 신세도 다시 희망할 바이 없는지라 혼자말로,

"허…… 저간에 우리 두 사람이 그러한 천신만고를 지내고 간신히 다시 만난 것이 모두 허사가 되었구나!"

하고 목을 매어 죽으려고 양복 질빵을 끌러 막 나뭇가지에 치켜 거는 판에 별안간 어떤 청인 십여 명이 어젯밤 모양으로 또 달려들어 죽 둘러서는지라, 속마음으로 '저놈들이 또 왔구나. 오냐, 암만 또 와도 이제는 기탄없다. 어젯밤에 재물 빼앗기고 계집까지 잃었으니, 지금에는 죽이기밖에 더하겠느냐. 이왕 죽을 사람이 죽인대도 두려울 것은 없다마는 너의 손에 우리 내외가 죽는 것이 지극히 통한하다.' 하고 생각할 즈음에, 그 중 한 사람이 고두 경례하고 명함 한 장을 내어주며 금안준마*를 앞에 세우고 말에 오르기를 재촉하는데, 그 명함은 정임이 명함이요, 명함 뒤에 연필로 두어 자 기록한 말은,

"천만의외에 부모가 이 곳에 계시니 기쁜 마음은 꿈인지 생시인지 깨닫지 못하겠사오며, 나도 역시 무사하오니 아무 염려 말고 급히 오시오."

하였는지라, 그 명함을 받아보매 반가운 마음에 기가 막혀서,

"응……? 부모가 계셔?"

---

* 금안준마(金鞍駿馬) 금장식 안장의 좋은 말.

하는 소리가 하는 줄 모르게 절로 나가나 마음을 진정하여 그 사리를 다시 생각하니 한편으로 의심이 나서, '그러할 이치가 만무한 일인데 이게 웬일인고. 만일 이 말이 사실 같으면 희한한 별일이다.' 하고 이리저리 연구하여 보니 다른 염려는 별로 없고, 그 글씨가 정임이 필적이라 반가운 마음이 다시 나서 곧 그 말 타고 귀에 바람이 나도록 달려가더라.

김 승지 내외와 정임이는 영창이를 데리러 보내고 오기를 고대하더니 문 밖에서 말굽 소리가 나고 영창이가 지도자를 따라 들어오는지라, 김 승지 내외는 정신없이 내려가서 영창이 목을 안고 얼굴을 한데 대며,

"네가 영창이로구나!"

하고 대성통곡하는데, 영창이는 명함을 보고 오면서도 반신반의하다가 참 부모가 그 곳에 있는지라, 평생에 철천지원이 되던 부모를 만나니 비감한 마음이 자연 나서 역시 부모를 붙들고 우니, 정임이도 따라 울어 울음 한판이 또 벌어졌더라.

이 때 주인 왕씨는 즉시 크게 연회를 배설하고 김 승지의 가족 일동을 위로하는데, 왕씨가 영창이 손을 잡고 술을 들어 김 승지에게 권하며,

왕씨 "김 공은 이러한 아들과 저러한 며느리를 두었으니 장래에 무궁한 청복을 받으시겠소."

하는지라 김 승지는 그 말 교대에 대답하는 말이,

김 승지 "여년*이 몇 해 아니 남은 터에 복을 받으면 얼마나 받겠습니까마는, 내가 주공의 덕택으로 살아나서 천행으로 저것들을 다시

---

* 여년 죽을 때까지의 나머지 세월.

보니 그것이 신기한 일이지요. 그러나 주공께 잠깐 여쭐 말씀은 내가 주공을 모시고 있은 지 십 년에 이 은혜는 태산이 오히려 가벼우니 능히 갚을 길이 없사오며, 그간 깊이 든 정분은 차마 주공을 이별할 수 없습니다마는, 서로 죽은 줄 알던 저것들을 만나니 다시 헤어질 마음이 없을 뿐 아니라, 내가 늙어 죽을 날을 알지 못하는 터이오니 이번에 저것들과 한가지 돌아가서 몇 날이 되든지 부자가 서로 의지하고 살다가 백골을 고국 청산에 묻고자 하오니 존의*에 어떠하시오니까?"

하며 눈물을 흘리매 왕씨가 그 말을 듣고 한참 침음하더니,

　　왕씨 "사정이 그러하시겠소."

하고 곧 행장을 차려 김 승지와 그 가족을 전송하는데, 친히 십리장정에 나와 김 승지 손을 잡고,

　　왕씨 "김 공은 다행히 자제를 만나서 오래간만에 고국에 돌아가시니 실로 감축한 일이올시다마는, 나는 십 년 친구를 일조에 이별하니 이같이 감창한 일은 다시 없소그려."

하며 수대를 열고 금화 일만 원을 내주며,

　　왕씨 "이것이 비록 약소하나 내가 정의를 표하고자 하여 드리는 것이올시다. 행자는 필유신이라 하니 가지고 가다가 노자나 하시오."

　　김 승지 "공은 정의로 주신다니 나도 정의로 받아 가지고 가서 노래에 쇠한 몸을 잘 자양하겠습니다마는, 우리가 모두 늙은 터에 한 번 이별하면 다시 만나기를 기약할 수 없으니 그것이 지극히 비창한 일이올시다그려."

하며 서로 붙들고 울어 차마 놓지 못하다가 김 승지 가족 일동은 모두 왕씨를 향하여 백배사례하고 떠나니, 왕씨는 섭섭한 마음을 이기지 못

---

* 존의(尊意)　남의 의견을 높여 이르는 말.

하여 보호자를 보내 정거장까지 호송하더라.

영창이 내외는 천만의외에 그 부모를 찾으매 구경도 더 할 생각 없고 여행도 다시 할 필요가 없어, 즉시 부모 모시고 만주 남행차 타고 서울로 돌아오며, 차 속에서 영창이는 영창이 소경력을 이야기하고, 정임이는 정임이 지내던 일을 자세히 말하니 김 승지는 자기 역사를 이야기한다.

김 승지 "내가 초산서 그 봉변을 당하고 뒤주 속에 들어앉았으니, 늙은이들이 그 지경을 당하여 무슨 정신이 있었겠느냐. 그놈들이 떠메고 나가는지 강물로 떠나가는지 누가 건져 가는지 도무지 몰랐더니, 아마 그 뒤주가 강물로 떠내려가는데, 그 때 마침 상마적이 물 건너와서 노략질해 가지고 가다가 그 뒤주를 만나매 그 사람들 눈에는 무엇이든지 모두 재물로 보이는 터이라, 뒤주 속에 무슨 큰 재물이 있는 줄 알았던지 죽을 힘을 써서 건져 메고 갔나 보더라. 어느 때나 되었는지 간신히 정신을 차려 보니 평생에 보지 못하던 큰 집 대청에 우리 내외가 같이 누웠고 낯 모르는 청인들이 좍 둘러섰는데, 어리어리하는 생각에 우리가 죽어서 벌써 염라부에 들어왔나 보다 하였더니, 그 중 어떤 사람이 지필을 가지고 와서 필담을 하자고 하니, 눈은 침침하여 잘 보이지는 아니하고 손은 떨려 글씨도 쓸 수 없으나, 간신히 정신을 수습하여 통정을 하는데, 그 사람이 주인 왕씨더라. 그 왕씨는 상마적 괴수인데 비록 도적질은 하나 사람인 즉 글이 문장이요, 뜻이 호화하여 훌륭한 풍류 남자요, 또 천성이 지극히 인자한 사람이더라. 그런데 그 사람이 나를 어떻게 보았던지 그 때로부터 극진히 보호하여 의복 음식과 거처 범백을 모두 자기와 호리가 틀리지 아니하게 대접하며 글도 같이 짓고 술도 같이 먹고 바둑도 같이 두고 어데를 가도 같이 가니, 자연 지기가 상합하여 하루 이틀 지내는데, 너희들이 어찌 되었는지 몰라 애가 타서 한시를 견딜 수 없으나 통신은 자유로 못하게 하는 고로 이 시종에게 편지도 한 번 못하고 있다가 어느 때인지 기회를 얻어 우체로 편지를 한 번 부쳤더니, 다시는 소식이 없기에 너희들이 모두 죽은 줄 알고 그 후로는 주인도 놓지 않지마는 나도 돌아갈 생각이 적어 그럭저럭 지내니 그 상하는 마음이야 어떠하겠느냐. 그러나 모진 목숨이 억지로 죽지 못하고 두 늙은 이가 항상 울고 오늘날까지 부지하더니, 천만 몽매 밖에 정임이가 그곳에 왔더구나. 정임이 그 곳에 온 것이 실로 다행하게 된 일이나, 정임이가 그 곳에 잡혀오다니 말이 되는 말이냐".

이렇게 이야기할 사이에 탄환같이 빠른 차가 어느 겨를에 벌써 압록강을 건너니 총울한 강산이 모두 보이는 대로 새롭더라.

이 시종 내외는 정임이 부부 신혼 여행을 보내매 그 길이 아무 염려 없는 길이지마는 두 사람은 천연적 풍파를 많이 만나는 사람들이라, 하도 여러 번 위험한 경우를 지내본 터인 고로 어린아해 물가에 보낸 것같이 근심하다가 회정해 온다는 날이 되니 잠시가 궁금하여 평양까지 내려가서 기다리더니, 그 때 정임이 내외가 화기가 만면하여 오다가 이 시종 내외를 보고 차에 내려 인사하는지라, 이 시종은 그 두 사람이 잘 다녀오는 것을 대단히 기뻐할 때에 옆에 서 있던 사람이 별안간 손목을 잡으며,

"허……. 자네 오래간만에 만나겠네그려."

하는데 돌아다보니 생각도 아니하였던 김 승지가 왔는지라 마음에 깜짝 놀라서,

이 시종 "아 자네 이게 웬일인가……, 응……. 대관절 어찌 된 일인가?"

김 승지 "우리가 다시 못 만날 줄 알았더니 서로 죽지 않고 오늘 만난 것이 다행한 일이오. 이 못생긴 목숨이 살아오는 것은 이게 내 복이 아니라 우리 며느리 덕일세."

하며 반가운 이야기를 하고, 한편에는 이 시종 부인과 김 승지 부인이 서로 붙들고 울더니, 이 시종과 김 승지는 가족들 데리고 그 길로 곧 부벽루에 올라가서 그 사이 지내던 역사와 서로 생각하던 정회를 말하며 술잔을 들고 토진간담*하는데, 이 때에 아아*한 청산과 양양한 유수가 모두 그 술잔 가운데 비치었더라.

---

* **토진간담**(吐盡肝膽) 간과 쓸개를 다 토한다는 뜻으로, 거짓 없는 실정을 숨김없이 다 말함.
* **아아**(峨峨) 산이나 큰 바위 등이 험하게 우뚝 솟아 있는 모양.

부록

작가와 작품 스터디

● 안국선 (1878~1926. 호는 천강)

신소설 작가인 안국선은 경기도 용인에서 태어났으며, 16세 때인 1894년에 당시 군부 대신이었던 백부의 도움으로 관비 유학생에 선발되어 일본으로 건너가 공부했다. 귀국한 후에는 정치 운동을 꾀하다가 사형을 언도받기도 하고 전라도에 유배되기도 하였다.

작품 활동을 시작한 것은 유배에서 풀려난 뒤인 1907년을 전후한 시기로, 이 무렵 그는 〈정치 원론〉, 〈연설법방〉 등을 저술했으며, 여러 잡지에 정치 경제에 관한 많은 논설을 발표하였다. 그리고 1908년에는 개화기의 시대적 상황을 그려 낸 그의 대표작 〈금수회의록〉을, 1915년에는 최초의 근대적 단편 소설집인 〈공진회〉를 펴냈다. 〈공진회〉는 그 성향이 친일적이어서 훗날 안국선이 친일 인사로 변모하게 됨을 엿볼 수 있다.

● 최찬식 (1881~1951. 호는 동초 · 해동초인)

최찬식은 안국선과 마찬가지로 개화기의 신소설 작가이다. 경기도 광주에서 태어났으며, 아버지는 개화기의 언론인이었다. 어릴 적에는 한학을 공부하여 사서 삼경을 마쳤으며, 갑오 개혁 후인 1897년에 아버지가 광주에 세운 시흥 학교에 입학하여 신학문을 공부했다. 이후 서울로 올라와 관립 한성 중학교에서 공부했으며, 중국에서 발행된 소설집 〈설총부서〉를 번역한 뒤 본격적인 신소설 창작에 들어갔다.

작품으로는 대표작으로 꼽히는 〈추월색〉을 비롯하여 〈안의 성〉, 〈금강문〉, 〈도화원〉, 〈능라도〉 등이 있는데, 한결같이 애정 문제를 다룬 것이 특징이다. 당시의 시대상을 외면했다는 지적도 있으나, 신소설을 대중화시켰다는 점에서 그 의의가 높이 평가된다. 말년에는 뚝섬에 있는 자신의 농장에서 최익현의 실기를 집필하다가 끝마치지 못하고 세상을 떠났다.

● **금수회의록**   교훈적·풍자적인 내용을 동·식물 등에 빗대어 엮은 이야기를 우화라고 하는데, 〈금수회의록〉이 바로 우화 소설에 속한다. 이 작품에는 모두 여덟 종류의 동물이 등장하는데, 이들은 '금수 회의소'에 모여 인간의 추악한 면과 부패한 사회 모습을 비판하는 연설을 한다. 이 여덟 동물의 입을 빌려 당시의 인류가 처한 문제점을 극복하려는 작가의 의도가 엿보이는데, 교훈적인 설교와 연설의 범주에서 벗어나지 못했다는 점에서 소설적인 요소는 크게 부족하다. 또, 결말에서 기독교에 의존해 모든 문제를 해결하려고 한 점은, 앞에서 제시한 수많은 문제를 해결하기에는 미흡한 점이 많아 안이한 태도라는 지적을 받고 있기도 하다.

● **공진회**   이 작품은 짧은 이야기 세 편이 수록되어 있는 단편 소설집이다. 〈기생〉은 향운개라는 기생이 많은 고난과 유혹을 물리치고 어릴 적 친구와의 사랑을 이루는 애정 소설이며, 〈인력거꾼〉은 못된 습관을 버리고 근면 절약하여 내일의 행복을 찾게 되는 서민 가정의 이야기를 다루고 있다. 〈시골 노인 이야기〉는 이야기 속에 다시 이야기가 들어 있는 형식, 즉 액자 소설을 취하고 있다는 점이 두드러지는 특징으로, 혼인을 언약한 두 남녀가 우여곡절 끝에 애정을 성취하는 과정을 담고 있다.

● **추월색**   〈추월색〉은 1912년에 씌어진 작품으로, 최찬식의 다른 작품들과 마찬가지로 이성간의 애정 문제를 다루고 있다. 어릴 적 부모에 의해 혼인을 언약한 정임과 영창은 뜻밖의 사고로 상대방의 생사도 모른 채 헤어지게 된다. 그러나 두 사람은 서로를 잊지 못하고 절개를 지켜 오다가, 온갖 재난을 겪은 뒤에 우연히 다시 만나 행복한 결혼식을 올리게 되는 내용이다. 이 작품은 정임과 영창의 만남과 헤어짐에서 반복되는 수많은 우연성이 이야기를 이끌어가고 있다는 모순이 있기는 하지만, 신소설 중에서 가장 널리 애독된 작품으로 꼽힌다. 1921년까지 15판이나 거듭되었으며, 신극단 취성좌에서 각색하여 최초로 공연되기도 하였다.

논술 가이드

[문항 1]

다음은 〈금수회의록〉에 나오는 한자 성어와 그림들입니다. 각 한자 성어의 뜻을 생각하고 그와 관련 있는 동물의 그림을 연결해 봅시다. 그런 다음 각 동물이 주장한 내용이 무엇이었는지 이야기해 봅시다.

가정 맹어호 ●   ●

구밀 복검 ●   ●

정와 어해 ●   ●

호가 호위 ●   ●

첫번째 글은 〈금수회의록〉에, 두 번째 글은 〈공진회〉에 실린 대목입니다. 제시문을 읽고 다음 문제에 답하시오.

[문항 2]

또 나라로 말할지라도 대포와 총의 힘을 빌려서 남의 나라를 위협하여 속국도 만들고 보호국도 만드니, 불한당이 칼이나 육혈포를 가지고 남의 집에 들어가서 재물을 탈취하고 부녀를 겁탈하는 것이나 다를 것이 무엇 있소?
— 여우의 말 중에서 —

서로 죽이고, 서로 잡아먹어서, 약한 자의 고기는 강한 자의 밥이 되고, 큰 것은 작은 것을 압제하여 남의 권리를 늑탈하여 남의 재산을 속여 빼앗으며, 남의 토지를 앗아가며, 남의 나라를 위협하여 망케 하니, 그 흉측하고 악독함을 무엇이라 이르겠소?
— 벌의 말 중에서 —

공진회를 개최한다는 소문이 있더니 서울서 공진회 협찬회가 조직되었는데, 공진회는 총독 정치를 시행한 지 다섯 해 된 기념으로 하는 것이라 하는 말을 김 서방의 내외가 들었던지, 경찰서에서 돈을 내어 준 것을 항상 고마워하고 총독 정치의 공명함을 평생 감사하게 여기던 터이라, 공진회 협찬회에 대하여 돈 이백 원을 무명씨로 기부한 사람이 있는데, 이 무명씨가 아마 김 서방인 듯하더라.

〈금수회의록〉은 1908년에, 〈공진회〉는 1915년에 발표된 작품입니다. 위에 실린 글을 통해 시간이 지남에 따라 작가의 사상적 흐름이 어떻게 바뀌었는지를 미루어 짐작해 봅시다.

〈공진회〉에 들어 있는 〈시골 노인 이야기〉의 한 대목입니다. 제시문을 읽고 다음 문제에 답하시오.

[문항 3]

> 경사로 이루려 하던 혼인 담판은 살풍경으로 깨어지고, 김 참령은 도망하여 서울로 가고, 연대장은 원주로 돌아가서 보고서를 써서 서울로 보고하니, 김 참령은 파면을 당하여 육군 법원에 갇히고, 김용필은 대대장으로 승차되어 철원에 출주하고 세상이 평정한 후에 명희와 김용필은 성례하여 지금 화락한 가정을 이루었는데, 세상이 잠깐이라, 벌써 아들을 형제나 낳았지⋯⋯.

(1) 이 글 속의 김용필은 매사에 영리하고 용감한 인물로 묘사되어 있으나, 위의 글처럼 사건이 해결되기까지는 박 참봉의 딸 명희의 공이 컸습니다. 만약 김용필이 중심 인물이 되어 사건을 해결해 간다고 가정한다면, 어떠한 과정을 거쳐 어떠한 결말에 이를 것인지 자신의 생각을 서술해 봅시다.

- -

- -

- -

(2) 〈시골 노인 이야기〉는 이야기 속에 또 하나의 이야기가 들어 있는 형식으로 되어 있습니다. 그 두 개의 이야기는 각각 무엇과 무엇인가요?

- -

- -

- -

〈추월색〉의 두 대목입니다. 제시문을 읽고 다음 문제에 답하시오.

[문항 4]

> 이 시종은 원래 구습을 개혁할 사상이 있는 터인 고로, 설령 그 딸이 과부가 되었을지라도 개가라도 시킬 것이요, 결혼하였던 것을 거리껴서 딸의 일평생을 그르치지 아니할 사람이라.

> 이 중에 혹 '저것도 예식이라고 하나?' 하는 분도 계실 듯하지마는 그렇지 않습니다. 좋지 못한 구습을 먼저 개혁하는 사람이 없으면 어떠한 일이든지 도저히 개량하여 볼 날이 없습니다. 오늘 지낸 예식이 가히 조선에 모범이 될 만하오니 여러분도 자녀간에 혼인을 지내시거든 오늘 예식을 모방하십시오.

(1) 이 작품의 제재에는 '남녀 간의 애정' 외에도 한 가지가 더 있는데, 그것이 무엇인지 위에 실린 두 대목을 참고로 하여 적어 봅시다.

----

(2) 여주인공 이정임은 혼자 일본으로 건너가 공부를 하는 한편, 부인들의 교육에 뜻을 둔 신여성으로 그려져 있습니다. 하지만 한편으로는 구습에서 벗어나지 못한 모순된 모습을 보이기도 하는데, 어떠한 예에서 그러한 모습을 찾아볼 수 있을까요?

〈베스트 논술 한국대표문학〉(전60권) 목록

권별	작품	작가
1	무정 I	이광수
2	무정 II	이광수
3	무명 · 꿈 · 옥수수 · 할멈	이광수
4	감자 · 시골 황 서방 · 광화사 · 붉은 산 · 김연실전 외	김동인
5	발가락이 닮았다 · 왕부의 낙조 · 전제자 · 명문 외	김동인
6	배따라기 · 약한 자의 슬픔 · 광염 소나타 외	김동인
7	B사감과 러브레터 · 서투른 도적 · 술 권하는 사회 · 빈처 외	현진건
8	운수 좋은 날 · 까막잡기 · 연애의 청산 · 정조와 약가 외	현진건
9	벙어리 삼룡이 · 뽕 · 젊은이의 시절 · 행랑 자식 외	나도향
10	물레방아 · 꿈 · 계집 하인 · 별을 안거든 우지나 말 걸 외	나도향
11	상록수 I	심훈
12	상록수 II	심훈
13	탈춤 · 황공의 최후 / 적빈 · 꺼래이 · 혼명에서 외	심훈 / 백신애
14	태평 천하	채만식
15	레디메이드 인생 · 순공 있는 일요일 · 쑥국새 외	채만식
16	명일 · 미스터 방 · 민족의 죄인 · 병이 낫거든 외	채만식
17	동백꽃 · 산골 나그네 · 노다지 · 총각과 맹꽁이 외	김유정
18	금 따는 콩밭 · 봄봄 · 따라지 · 소낙비 · 만무방 외	김유정
19	백치 아다다 · 마부 · 병풍에 그린 닭이 · 신기루 외	계용묵
20	표본실의 청개구리 · 두 파산 · 이사 외 / 모범 경작생	염상섭 / 박영준
21	탈출기 · 홍염 · 고국 · 그믐밤 · 폭군 · 박돌의 죽음 외	최서해
22	메밀꽃 필 무렵 · 낙엽기 · 돈 · 석류 · 들 · 수탉 외	이효석
23	분녀 · 개살구 · 산 · 오리온과 능금 · 가을과 산양 외	이효석
24	무녀도 · 역마 · 까치 소리 · 화랑의 후예 · 등신불 외	김동리
25	하수도 공사 / 지맥 / 그 날의 햇빛은 · 갈가마귀 그 소리	박화성 / 최정희 / 손소희
26	지하촌 · 소금 · 원고료 이백 원 외 / 경희	강경애 / 나혜석
27	제3인간형 / 제일과 제일장 외 / 사랑 손님과 어머니 외	안수길 / 이무영 / 주요섭
28	날개 · 오감도 · 지주 회시 · 환시기 · 실화 · 권태 외	이상
29	봉별기 · 종생기 · 조춘점묘 · 지도의 암실 · 추등잡필	이상
30	화수분 외 / 김 강사와 T교수 · 창랑 정기 / 성황당	전영택 / 유진오 / 정비석

권별	작품	작가
31	민촌 / 해방 전후·달밤 외 / 과도기·강아지	이기영 / 이태준 / 한설야
32	소설가 구보씨의 일일 / 장삼이사·비오는 길 / 석공 조합 대표 / 낙동강·농촌 사람들·저기압	박태원 / 최명익 / 송영 / 조명희
33	모래톱 이야기·사하촌 외 / 갯마을 / 혈맥 / 전황당인보기	김정한 / 오영수 / 김영수 / 정한숙
34	바비도 외 / 요한 시집 / 젊은 느티나무 외 / 실비명 외	김성한 / 장용학 / 강신재 / 김이석
35	잉여 인간 / 불꽃 / 꺼삐딴 리·사수 / 연기된 재판	손창섭 / 선우휘 / 전광용 / 유주현
36	탈향 외 / 수난 이대 외 / 유예 / 오발탄 외 / 4월의 끝	이호철/ 하근찬/ 오상원/ 이범선/ 한수산
37	총독의 소리 / 유형의 땅 / 세례 요한의 돌	최인훈 / 조정래 / 정을병
38	어둠의 혼 / 개미귀신 / 무진 기행·서울 1964년 겨울 외	김원일 / 이외수 / 김승옥
39	뫼비우스의 띠 / 악령 / 식구	조세희 / 김주영 / 박범신
	관촌 수필 / 기억 속의 들꽃 / 젊은 날의 초상	이문구 / 윤흥길 / 이문열
40	김소월 시집	김소월
41	윤동주 시집	윤동주
42	한용운 시집	한용운
43	한국 고전 시가와 수필	유리왕 외
44	한국 대표 수필선	김진섭 외
45	한국 대표 시조선	이규보 외
46	한국 대표 시선	최남선 외
47	혈의 누·모란봉	이인직
48	귀의 성	이인직
49	금수 회의록·공진회 / 추월색	안국선 / 최찬식
50	자유종·구마검 / 애국부인전 / 꿈하늘	이해조 / 장지연 / 신채호
51	삼국유사	일연
52	금오신화·홍길동전 / 임진록	김시습 / 허균 / 작자 미상
53	인현왕후전 / 계축일기	작자 미상
54	난중일기	이순신
55	흥부전 / 장화홍련전 / 토끼전 / 배비장전	작자 미상
56	춘향전 / 심청전 / 박씨전	작자 미상
57	구운몽·사씨 남정기	김만중
58	한중록	혜경궁 홍씨
59	열하일기	박지원
60	목민심서	정약용

〈베스트 논술 한국대표문학〉에 실린 소설과 교과서 대조표

* 〈베스트 논술 한국대표문학〉에 실린 소설과 현행 국어·문학 18종 교과서의 수록 내용을 비교·분석하였다.

● 초등 학교 교과서(국어)

> 금오신화, 구운몽, 심청전,
> 흥부전, 토끼전, 박씨전,
> 장화홍련전, 홍길동전

● 국정 교과서

작품	작가	교과목
고향	현진건	고등 학교 문법
동백꽃	김유정	중학교 국어 2-1, 중학교 국어 3-1
벙어리 삼룡이	나도향	중학교 국어 1-1
봄봄	김유정	고등 학교 국어(상)
사랑 손님과 어머니	주요섭	중학교 국어 2-1
오발탄	이범선	중학교 국어 3-1
운수 좋은 날	현진건	중학교 국어 3-1

● 고등 학교 문학 교과서

작품	작품	출판사
감자	김동인	교학, 지학, 디딤돌, 상문
갯마을	오영수	문원, 형설
고향	현진건	두산, 지학, 청문, 중앙, 교학, 문원, 민중, 블랙, 디딤돌
관촌 수필	이문구	지학, 문원, 블랙
광염 소나타	김동인	천재, 태성

금 따는 콩밭	김유정	중앙
금수회의록	안국선	지학, 문원, 블랙, 교학, 대한, 태성, 청문, 디딤돌
김 강사와 T교수	유진오	중앙
까마귀	이태준	민중
꺼삐딴 리	전광용	지학, 중앙, 두산, 블랙, 디딤돌, 천재, 케이스
날개	이상	문원, 교학, 중앙, 민중, 천재, 형설, 청문, 태성, 케이스
논 이야기	채만식	두산, 상문, 중앙, 교학
닳아지는 살들	이호철	천재, 청문
동백꽃	김유정	금성, 두산, 블랙, 교학, 상문, 중앙, 지학, 태성, 형설, 디딤돌, 케이스
두 파산	염상섭	문원, 상문, 천재, 교학
등신불	김동리	중앙, 두산
만무방	김유정	민중, 천재, 두산
메밀꽃 필 무렵	이효석	금성, 상문, 중앙, 교학, 문원, 민중, 블랙, 디딤돌, 지학, 청문, 천재, 케이스
모래톱 이야기	김정한	디딤돌, 교학, 문원
모범경작생	박영준	중앙
뫼비우스의 띠	조세희	두산, 블랙
무녀도	김동리	천재, 지학, 청문, 금성, 문원, 민중, 케이스

작품	작가	출판사
무정	이광수	디딤돌, 금성, 두산, 교학, 한교
무진기행	김승옥	두산, 천재, 태성, 교학, 문원, 민중, 케이스
바비도	김성한	민중, 상문
배따라기	김동인	상문, 형설, 중앙
벙어리 삼룡이	나도향	민중
복덕방	이태준	블랙, 교학
봄봄	김유정	디딤돌, 문원
붉은 산	김동인	중앙
B사감과 러브레터	현진건	교학
사랑 손님과 어머니	주요섭	중앙, 디딤돌, 민중, 상문
사수	전광용	두산
사하촌	김정한	중앙, 문원, 민중
산	이효석	문원, 형설
서울, 1964년 겨울	김승옥	문원, 블랙, 천재, 교학, 지학, 중앙
성황당	정비석	형설
소설가 구보씨의 일일	박태원	중앙, 천재, 교학, 대한, 형설, 문원, 민중
수난 이대	하근찬	교학, 지학, 중앙, 문원, 민중, 디딤돌, 케이스
애국부인전	장지연	지학, 한교
어둠의 혼	김원일	천재
역마	김동리	교학, 두산, 천재, 태성, 형설, 상문, 디딤돌
역사	김승옥	중앙
오발탄	이범선	교학, 중앙, 금성, 두산
요한 시집	장용학	교학
운수 좋은 날	현진건	금성, 문원, 천재, 지학, 민중, 두산, 디딤돌, 케이스
유예	오상원	블랙, 천재, 중앙, 교학, 디딤돌, 민중
자유종	이해조	지학, 한교
장삼이사	최명익	천재
전황당인보기	정한숙	중앙
젊은 날의 초상	이문열	지학
젊은 느티나무	강신재	블랙, 중앙, 문원, 상문
제일과 제일장	이무영	중앙
치숙	채만식	문원, 청문, 중앙, 민중, 상문, 케이스
탈출기	최서해	형설, 두산, 민중
탈향	이호철	케이스
태평 천하	채만식	지학, 금성, 블랙, 교학, 형설, 태성, 디딤돌
표본실의 청개구리	염상섭	금성
학마을 사람들	이범선	민중
할머니의 죽음	현진건	중앙
해방 전후	이태준	천재
혈의 누	이인직	천재, 금성, 민중, 교학, 태성, 청문
홍염	최서해	상문, 지학, 금성, 두산, 케이스
화수분	전영택	태성, 중앙, 디딤돌, 블랙

⟨베스트 논술 한국대표문학⟩에 실린 시와 교과서 대조표

* ⟨베스트 논술 한국대표문학⟩에 실린 시와 현행 국어·문학 18종 교과서의 수록 내용을 비교·분석하였다.

작품	작가	출판사
가는 길	김소월	지학, 블랙, 민중
가을의 기도	김현승	블랙
겨울 바다	김남조	지학
고향	백석	형설
국경의 밤	김동환	지학, 천재, 금성, 블랙, 태성
국화 옆에서	서정주	민중
귀천	천상병	지학, 디딤돌
귀촉도	서정주	지학
그 날이 오면	심훈	지학, 블랙, 교학, 중앙
그대들 돌아오시니	정지용	두산
그 먼 나라를 알으십니까	신석정	교학, 대한
껍데기는 가라	신동엽	지학, 천재, 금성, 블랙, 교학, 한교, 상문, 형설, 청문
꽃	김춘수	금성, 문원, 교학, 중앙, 형설
끝없는 강물이 흐르네	김영랑	디딤, 교학
나그네	박목월	천재, 블랙, 중앙, 한교
나룻배와 행인	한용운	문원, 블랙, 대한, 형설
남신의주 유동 박시봉방	백석	지학, 두산, 상문

작품	작가	출판사
남으로 창을 내겠소	김상용	지학, 한교, 상문
내 마음은	김동명	중앙, 상문
내 마음을 아실 이	김영랑	한교
농무	신경림	지학, 디딤, 금성, 블랙, 교학, 형설, 청문
누가 하늘을 보았다 하는가	신동엽	두산
눈길	고은	문원
님의 침묵	한용운	지학, 천재, 두산, 교학, 민중, 한교, 태성, 디딤돌
떠나가는 배	박용철	지학, 한교
머슴 대길이	고은	디딤돌, 천재
먼 후일	김소월	청문
모란이 피기까지는	김영랑	지학, 천재, 금성, 형설
목계 장터	신경림	문원, 한교, 청문
목마와 숙녀	박인환	민중
바다와 나비	김기림	금성, 블랙, 한교, 대한, 형설
바위	유치환	금성, 문원, 중앙, 한교
별 헤는 밤	윤동주	문원, 민중
봄은 간다	김억	한교, 교학
봄은 고양이로다	이장희	블랙

작품	작가	출판사
불놀이	주요한	금성, 형설
빼앗긴 들에도 봄은 오는가	이상화	지학, 천재, 문원, 블랙, 디딤돌, 중앙
산 너머 남촌에는	김동환	천재, 블랙, 민중
산유화	김소월	두산, 민중
살아 있는 것이 있다면	박인환	대한, 교학
살아 있는 날은	이해인	교학
생명의 서	유치환	한교, 대한
샤갈의 마을에 내리는 눈	김춘수	지학, 블랙, 태성
서시	윤동주	디딤돌, 민중
설일	김남조	교학
성묘	고은	교학
성북동 비둘기	김광섭	지학
쉽게 씌어진 시	윤동주	지학, 디딤돌, 중앙
승무	조지훈	지학, 디딤돌, 금성
알 수 없어요	한용운	중앙, 대한
어서 너는 오너라	박두진	디딤돌, 금성, 한교, 교학
오감도	이상	디딤돌, 대한
와사등	김광균	민중
우리가 물이 되어	강은교	지학, 문원, 교학, 형설, 청문, 디딤돌
우리 오빠의 화로	임화	디딤돌, 대한
울음이 타는 가을 강	박재삼	지학, 교학
자수	허영자	교학

작품	작가	출판사
자화상	노천명	민중
절정	이육사	지학, 천재, 금성, 두산, 문원, 블랙, 교학, 태성, 청문, 디딤돌
접동새	김소월	교학, 한교
조그만 사랑 노래	황동규	문원, 중앙
즐거운 편지	황동규	지학, 형설, 청문
진달래꽃	김소월	천재, 태성
청노루	박목월	지학, 문원, 상문
초토의 시 8	구상	지학, 천재, 두산, 상문, 태성
초혼	김소월	디딤돌, 금성, 문원
타는 목마름으로	김지하	디딤돌, 금성, 문원, 민중
풀	김수영	지학, 금성, 민중, 한교, 태성
프란츠 카프카	오규원	천재, 태성
피아노	전봉건	태성
해	박두진	두산, 블랙, 민중, 형설
해에게서 소년에게	최남선	지학, 천재, 금성, 두산, 문원, 민중, 한교, 대한, 형설, 태성, 청문, 디딤돌
향수	정지용	지학, 문원, 블랙, 교학, 한교, 상문, 청문, 디딤돌

〈베스트 논술 한국대표문학〉에 실린 시조와 교과서 대조표

* 〈베스트 논술 한국대표문학〉에 실린 시조와 현행 국어·문학 18종 교과서의 수록 내용을 비교·분석하였다.

작품	작가	출판사
가노라 삼각산아	김상헌	교학, 형설
가마귀 눈비 맞아	백팽년	교학
가마귀 싸우는 골에	정몽주 어머니	교학
강호 사시가	맹사성	디딤돌, 두산, 교학
고산구곡	이이	한교
공명을 즐겨 마라	김삼현	지학
구름이 무심탄 말이	이존오	천재
국화야 너난 어이	이정보	블랙
녹초 청강상에	서익	지학
농암가	이현보	민중
뉘라서 가마귀를	박효관	교학
님 그린 상사몽이	박효관	천재
대추볼 붉은 골에	황희	중앙
도산 십이곡	이황	디딤돌, 블랙, 민중, 형설, 태성
동짓달 기나긴 밤을	황진이	지학, 천재, 금성, 두산, 문원, 교학, 상문, 대한
마음이 어린후니	서경덕	지학, 금성, 블랙, 한교
말없는 청산이요	성혼	지학, 천재
방안에 혔는 촉불	이개	천재, 금성, 교학
백구야 말 물어보자	김천택	지학
백설이 자자진 골에	이색	지학
삭풍은 나무끝에	김종서	중앙, 형설
산촌에 눈이 오니	신흠	지학

작품	작가	출판사
삼동에 베옷 닙고	조식	지학, 형설
산인교 나린 물이	정도전	천재
수양산 바라보며	성삼문	천재, 교학
십년을 경영하여	송순	지학, 금성, 블랙, 중앙, 한교, 상문, 대한, 형설
어리고 성긴 매화	안민영	형설
어부사시사	윤선도	금성, 문원, 민중, 상문, 대한, 형설, 청문
오리의 짧은 다리	김구	청문
오백년 도읍지를	길재	블랙, 청문
오우가	윤선도	형설
이몸이 죽어가서	성삼문	지학, 두산, 민중, 대한, 형설
이시렴 부디 갈다	성종	지학
이화에 월백하고	이조년	디딤돌, 천재, 두산
이화우 흣뿌릴 제	계랑	한교
재너머 성권농 집에	정철	천재, 형설
천만리 머나먼 길에	왕방연	문원, 블랙
청산리 벽계수야	황진이	지학
추강에 밤이 드니	월산대군	천재, 금성, 민중
춘산에 눈녹인 바람	우탁	디딤돌
풍상이 섞어 친 날에	송순	지학, 청문
한손에 막대 잡고	우탁	금성
훈민가	정철	지학, 금성
흥망이 유수하니	원천석	천재, 중앙, 한교, 디딤돌, 대한

〈베스트 논술 한국대표문학〉에 실린 수필과 교과서 대조표

* 〈베스트 논술 한국대표문학〉에 실린 수필과 현행 국어 · 문학 18종 교과서의 수록 내용을 비교 · 분석하였다.

작품	작가	출판사
가난한 날의 행복	김소운	천재
가람 일기	이병기	지학
구두	계용묵	디딤돌, 문원, 상문, 대한
그믐달	나도향	블랙, 태성
꼴찌에게 보내는 갈채	박완서	태성
나무	이양하	상문
나무의 위의	이양하	문원, 태성
낭객의 신년 만필	신채호	두산, 블랙, 한교
딸깍발이	이희승	지학, 디딤돌, 청문
멋없는 세상 멋있는 사람	김태길	중앙
무궁화	이양하	디딤돌
백설부	김진섭	지학, 천재, 형설, 태성, 청문
생활인의 철학	김진섭	지학, 태성
수필	피천득	지학, 천재, 한교, 태성, 청문
수학이 모르는 지혜	김형석	청문
슬픔에 관하여	유달영	문원, 중앙
웃음설	양주동	교학, 태성
은전 한 닢	피천득	금성, 대한
이야기	피천득	지학, 청문
인생의 묘미	김소운	지학
지조론	조지훈	블랙, 한교
청춘 예찬	민태원	금성, 블랙
특급품	김소운	교학
폭포와 분수	이어령	지학, 블랙
피딴 문답	김소운	디딤돌, 금성, 한교
행복의 메타포	안병욱	교학
헐려 짓는 광화문	설의식	두산

베스트 논술 한국 대표문학 **49**

금수회의록 · 추월색 외

지은이 안국선 / 최찬식
펴낸이 류성관
펴낸곳 SR&B(새로본닷컴)
주 소 서울특별시 마포구 망원동 463-2번지
전 화 02)333-5413
팩 스 02)333-5418
등 록 제10-2307호
인 쇄 만리 인쇄사

＊잘못 만들어진 책은 바꾸어 드립니다.